월급쟁이로 살 때는
미처 몰랐던 것들

월급쟁이로
살 때는
미쳐 몰랐던
것들

파이어족 2년이 가르쳐준
부와 자본주의,
그리고 나 자신에 대한
작은 깨달음

최성락 지음

𝒹
월요일의꿈

파이어족으로 2년을 살아보니

나는 원래 교수였다. 2005년에 강의교수가 되었고, 2007년에 진임교수가 되었다. 정년이 보장되는 정식 교수가 된 건 2007년부터이지만, 다니던 직장을 그만두고 박사과정에 입학한 것이 2000년이니 2000년부터 계속 학계에 있었다고 할 것이다. 박사과정을 2002년에 수료하고 그때부터 논문을 쓰고 연구 프로젝트를 해왔다. 그러다가 2021년 8월 말에 교수를 그만두고 소위 말하는 파이어족이 되었다.

나는 2010년경부터 본격적으로 투자를 시작했다. 그전에도 투자를 하기는 했지만 자금이 거의 없었다. 2010년경 투자 종잣돈이 마련되었고, 그때부터 본격적으로 투자의 세계로 들어갔다. 그렇다고 매일매일 투자 지표들을 보고 고민하거나 한 건 아니다. 난 기본적으로 장기투자자였고, 그래서 투자와 관련된 의사결정을 하거나 행동할 게 많지 않았다. 평소에는 그냥 강의하고 논문 쓰고 프로젝트를 하는 교수였다.

2020년 코로나 사태가 발발하면서 자산시장은 폭락했다. 하지만 그해 봄부터 자산시장이 회복하기 시작하더니 주식이든 비트코인이든 계속해서 최고가를 경신해갔다. 세계 각국 정부들은 코로나를 극복하기 위해 이자율을 거의 0으로 하고 무한정으로 현금을 푸는 정책을 실시했다. 그 와중에 부동산, 주식, 비트코인은 폭등했고, 그 덕분에 나는 65세 정년 때까지 직장에서 벌 수 있는 돈을 투자로 다 벌었다. 그리고 2021년 8월, 난 직장을 그만둔다.

사실 난 그동안 계속해서 교수를 그만두고 싶어 했다. 일하지 않고 먹고살 수 있기를 바랐다. 이제 그럴 수 있는 상태가 되었기에 교수를 그만두었다. 그런데 그렇게 교수를 그만둔 나를 주변 사람들은 파이어족이라고 불렀다.

일반적으로 말하는 파이어족과 내 상태가 똑같지는 않았다. 내가 직장을 그만두고 파이어족이 된 건 만 52세였다. 20~30대, 늦어도 40대에 직장을 그만두는 게 파이어족이지, 50대에 파이어족이라니, 좀 웃기긴 하다. 나이 50대면 직장 다니던 사람들도 일을 그만두고 나오는 시기다. 원래 일을 더 이상 하지 않는 은퇴 나이다. 그런데 그 나이대에 직장을 그만둔 것이 특별할 게 있겠나. 그냥 은퇴인 것이지 파이어족이라고 할 수 있는 건가?

그런데 일반 직장에서 50대에 퇴직하는 사람들은 이때가 실질적 정년이기 때문이다. 회사에서 나와야 할 상황이어서 나온 거지, 더 일할 수 있는데 스스로 그만두고 싶어서 나오는 경우는 거의 없다. 나는 교수였다. 교수는 65세가 정년이다. 앞으로 13년 더 교수로 있을 수 있는데 그만두고 나온 거다. 이런 측면에서는 파이어족이라고 할 수 있겠다. 참고로 교수가 65세 정년이라는 말에 굉장히 오래 한다고 생각하지는 말자. 교수는 굉장히 늦은 나이에 된다. 나는 38세에 정식 교수가 되었다. 38세에 교수가 되어 65세 정년이면 27년 일할 수 있다는 뜻이다. 남성의 경우 대학 졸업하고 군대 다녀와서 27세에 직장 생활 처음 시작해서 50대 중반까지 일하면 27년 정도 된다. 일반 직장인이나 교수나 일하는 시간은 비슷하다. 단, 교수는 워낙 늦게 되기 때문에 정년도 늦다고 보면 된다. 이쨌든 난 65세 정년이 보장되는 교수직이 10년도 더 남은 상태에서 그만둔 것이니, 그걸 고려하면 나이 들어 하는 은퇴가 아니라 파이어족이라 할 수도 있을 것이다.

어쨌든 2021년 9월에 파이어족 생활을 시작하고 이제 2년이 조금 넘었다. 그런데 그사이 만난 사람들은 나에게 '반드시'라고 해도 좋을 만큼 비슷한 질문들을 던진다. 파이어족이 되니 어떤가, 뭘 하고 지내냐, 좋으냐 등등이다. 계속 그런 질문을 받고 그에 대해 대답을 하다 보니 나 스스로 파이어족 생활에 대해 생각하게 된다. 교수였을 때보다 지금이 더 좋은가, 더 행복해졌나, 난 지금 뭘 하고 지내고 있나 등등이다. 스스로 이런 걸 생각해야지 해서 하는 게 아니라, 주변 사람들의 계속되는 질문에 대답을 하다 보니 생각을 하게 된다.

그렇게 계속되는 질문과 답변을 하는 과정에서, 이거 책으로 써도 되겠다는 느낌이 들었다. 많은 사람이 파이어족 생활을 궁금해한다. 파이어족 자체는 아니더라도, 어쨌든 일하지 않고 살

6

아가는 것이 어떤가에 대해 궁금해한다. 그런데 주변에는 파이어족이 거의 없다. 직장을 다니지 않는 사람은 있지만, 돈을 벌지 않아도 되는 파이어족은 직접 보기 힘들다. 궁금하긴 해도 물어볼 데가 없는 것이다.

나는 파이어족을 직접 경험하고 있는 사람이다. 파이어족이 되면 어떤 일이 벌어지는지, 좋은 건 뭐고 안 좋은 건 뭔지, 파이어족 생활이 어떤지 술술 말할 수 있다. 무슨 일이든 2년 정도 경험하면 그런 걸 말할 수준은 된다. 그렇다면 한번 글로 써보자는 생각으로 이 책 원고가 시작되었다.

이 책에서 말하는 이야기가 사람들에게 긍정적으로 보일지, 부정적으로 보일지는 잘 모른다. '나도 파이어족이 되자'라고 생각할지, '난 파이어족이 되지 말아야겠다'라고 생각할지도 잘 모른다. 그리고 이 책은 어디까지나 나 개인의 이야기일 뿐이지, 파이어족 전체를 대표하는 이야기는 아니다. 그러나 어쨌든 파이어족이 되면 이렇구나, 이런 걸 경험하고 생각하게 되는구나 정도는 전달할 수 있지 않을까 한다. 이러쿵저러쿵 여러 가지로 떠들어대는 파이어족의 실태가 이렇다는 지식을 전달하는 것, 그 정도면 이 책이 의의는 있다고 본다.

2023년 늦가을, 저자

차례

1장 | 교수, 대학이라는 직장을 버리고 파이어족이 되다

2장 │ 파이어족이 되고 나서 알게 된 소소한 것들

3장 │ 파이어족이 되고 나서 좋은 점

4장 | 파이어족이 되고 나서 나쁜 점

5장 | 파이어족이 되고 나서 받았던 대표적인 질문들

6장 | 파이어족이 되어도 벗어나지 못하는 것, '돈, 돈, 돈'

7장 | 파이어족으로 하루하루 살아가기

1장

교수, 대학이라는 직장을 버리고 파이어족이 되다

'직장 그만둘까?' 고민이 시작되다

    2021년 1월, 비트코인 가격이 4,300만 원을 넘어섰다. 미국 나스닥 지수는 1만 4,000이 되었다. 2020년 3월 코로나19로 인해 가상화폐, 주식시장이 박살이 났었다. 2020년 1~2월경 코로나19는 중국, 한국 등지에서 확산되기 시작했고, 3월에는 그 추세가 세계적으로 나타났다. 세계 각국에서 이동금지, 영업정지 등의 조치가 실시되었고, 공장도 가동을 중지하는 사태가 발생했다. 그동안 경험하지 못한 팬데믹 사태로 자산시장은 폭락했다. 2020년 초의 가상화폐, 주식시장의 폭락은 정말 어마어마했다. 미국 나스닥 지수는 2020년 1월 9,000 수준에서 2020년 3월에는 7,000까지 떨어졌다. 불과 한 달도 안 되는 사이에 20%가 넘게 떨어졌다. 비트코인은 더했다. 비트코인은 하루이틀 사이에 반토막이 났다. 1,000만 원 정도 하던 비트코인이 500만 원대로 그야말로 폭락했다. 완전히 망한 거였다.

그런데 2020년 4월이 넘어가면서 분위기가 달라진다. 주식시장이 다시 회복되기 시작했다. 미국 나스닥 지수는 7,000에서 금방 이전 가격대인 1만을 회복했다. 그다음에도 계속 올라서 2021년 1월에는 1만 3,000을 넘어섰다. 코로나19 전과 비교해서 30% 이상이 올랐다.

지수가 30% 오르면 그 개별 종목 중에서는 안 오른 종목, 몇 배 오른 종목이 모두 포함돼 있다. 코로나19로 인해 경제가 마비된 상태에서 기업들이 좋을 리는 없다. 하지만 코로나19로 인해 대박 난 종목들이 있었다. 온라인을 토대로 사업하는 기업들은 코로나19 사태로 매출과 이익이 크게 증가했다.

다행이라면 다행인 것이 내가 보유한 종목들은 대부분 이 코로나19 수혜 종목들이었다. 2020년 3월은 지옥 같았는데, 점차 나아지더니 2020년 가을부터는 평생 경험하지 못했던 수익이 나기 시작했다.

비트코인도 폭등했다. 비트코인은 4년마다 다가오는 반감기 효과가 나타나면서 크게 올랐다. 1,000만 원 정도 하던 비트코인이 2020년 3월 코로나19 사태로 반토막이 났었는데, 2020년 가을에는 3,000만 원을 넘어섰다. 그리고 2021년 1월, 비트코인 1개에 4,300만 원을 넘어섰다.

비트코인 1개가 4,300만 원을 넘어서면서, 나의 금융투자 수익이 13억 원이 넘게 되었다. 이 금액은 나에게 큰 의미가 있었다. 지난 몇 년 동안 계속해서 달성하고자 한 수치였다. 목표로 하기는 했지만 '이게 과연 될까'라는 희망치였다. 그런데 2021년 1월, 그 목표가 달성된다.

13억 원의 수익을 목표로 한 이유는 분명했다. 그때 내 나이는 만 52세였고, 정년까지 13년이 남았다. 교수의 정년은 만 65세까지다. 이때 나의 연봉과 프로젝트 부가 수입 등이 연 1억 원 정도였다. 그러니 13억 원이 있으면 13년 동안 직장을 다니면서 내가 얻을 수 있는 수입을 모두 대체할 수 있다.

2018년경, 나 스스로 마음먹은 것이 있었다. 직장 수입을 완전히 대체할 수 있는 수준의 자금이 만들어지면 직장을 그만둔다는 결심이었다. 13억 원이라는 금액 자체를 목표로 한 건 아니다. 직장에서 벌 수 있는 자금을 완전히 대체할 수 있는 자금이 목표였다.

연 수입이 5,000만 원이고 직장 생활이 20년 남았으면, 앞으로 정년까지 회사에서 벌 수 있는 돈은 10억 원이다. 이러면 10억 원의 돈이 있으면 직장을 안 다녀도 된다. 연 수입이 1억 원이고 직장 생활이 15년 남았을 경우, 15억 원의 돈이 있으면 직장에서 버는 돈을 완전히 대체할 수 있다.

당시 내가 1년에 버는 돈은 1억 원 정도였고, 정년까지는 13년이 남아 있었다. 그래서 13억 원이 필요하다고 생각했다. 정년이

11년 남았으면 11억 원이 기준이 되었을 것이다.

　2021년에는 13억 원의 수익금이 있으면 직장을 그만둘 수 있다. 그런데 2021년 1월, 비트코인이 4,300만 원이 넘고 미국 나스닥 지수가 1만 3,000이 넘어가면서 그 금액이 만들어진 거였다. 나는 분명 이 금액이 만들어지면 회사를 그만두겠다고 생각해왔다. 이제 정말로 그 금액이 만들어졌다. 그럼 이제 회사를 그만두어야 할까?

　몇몇은 10억 원 정도 번 돈으로 회사를 그만두고 일을 하지 않고 살아가기에는 부족하다고 생각할 것이다. 그런데 이 금액에 대해서는 말해둘 게 있다. 내가 여기서 13억 원의 수익금이 생겼고, 이것을 기반으로 직장을 그만둘 수 있다고 했는데, 이 금액이 내 전 재산을 말하는 건 아니다. 2018년, 직장을 그만둘 수 있는 금액을 산정할 때 그 기준은 "직장에서 정년퇴직을 할 때까지 받을 수 있는 금액만큼 '금융 수익'이 생기면 그만둔다"였다.

　부동산 수익은 제외다. 부동산 값이 오르면 기분은 좋지만, 실제 쓸 수 있는 돈이 늘어나는 건 아니다. 부동산 가격이 올랐다고 직장을 그만두는 건 바보 같은 짓이다. 파이어족이 될 때 필요한 건 현금이다. 부동산 수익은 고려하지 않는다.

　그리고 무엇보다 중요한 건 '수익'으로 13억 원이 있어야 한다는 점이었다. 투자 원금은 제외였다. 부동산, 투자 원금은 제외하고 수익금만으로 정년 때까지 생활비를 댈 수 있어야 한다는 조건이었다.

내가 2018년, 10억 원대 이상의 돈을 벌면 직장을 그만두겠다고 마음먹으면서도 이게 정말로 쉽지 않다고 생각한 건 그런 이유다. 총재산 10억 원이 아니다. 금융자산 10억 원도 아니다. 2018년 이후로 금융투자 수익으로만 10억 원 이상을 벌어야 한다. 사실 투자 원금의 몇 배를 벌어야 하는 수익 금액이었다. 자기가 가지고 있는 투자 금액 대비 몇 배 수익을 올리면 그만두겠다는 건 그리 현실성 있는 목표라 할 수 없다.

　그런데 그 금액이 달성이 된 거였다. 2020년 가을 수익 금액이 10억 원이 넘었을 때 정말 좋았다. 10억 원의 돈을 번다는 건 말로만 들었지 한 번도 경험해본 적이 없는 이야기였다. 그 후에도 비트코인, 주식이 계속 오르자 혹시나 했다. 이러다 목표 금액이 달성되는 거 아닌가 하는 기대를 했다. 그러다 2021년 1월, 목표 금액이 되었다. 정년이 13년 남은 시점에 13억 원의 수익이 만들어졌다. 내가 생각한, 직장을 그만두겠다고 마음먹은 수익금이다.

　'파이어족이 될 수 있다고 생각한 목표 금액이 만들어졌다. 이제 일 안 하고 살아갈 수 있다. 그러니 이제 바로 직장을 그만두자. 사표를 내고 인생을 즐겨보자.'

　이렇게 생각할 사람도 있을 것이다. 하지만 일이 그런 식으로 돌아가지는 않는다. 일단 이 금액이 달성되었다고 해서 바로 회사를 그만둘 수는 없다. 이 돈은 지금 통장에 찍혀 있는 금액이 아니라 주식 등으로 있는 금액이다. 내일 다시 주식, 비트코인이 떨어지면 바로 기준 금액에 못 미친다. 투자에서 10%, 20% 오르락내리락하는 건 항상 있는 일이다. 지금 13억 원 수익이라 하지만 언제 다시 10억 원 이하로 떨어질지 모른다. 이 수익 금액이 안정적인지, 아니면 변동이 큰지 기다려야 한다. 지금 그 금액이 넘었다고 바로 그냥 그만둘 수는 없다.

그런데 이 문제는 그리 오래 고민하지 않았다. 4,000만 원을 넘은 비트코인은 곧 5,000만 원이 넘었고, 그 이후로도 계속 상승세였다. 그리고 1만 3,000이었던 나스닥 지수도 1만 4,000으로 계속 오름세였다. 수익 금액도 13억 원에서 10%, 20% 이상 금방 더 올라갔다. 이제는 좀 떨어진다 해도 직장을 그만두기 위한 기본 금액 이하까지 떨어지기는 힘들 것 같다.

고민은 다른 데서 시작된다. 이 금액이 만들어지면 회사를 그만두겠다고 생각해오기는 했는데, 그렇다고 정말로 그만둬야 할까? 꼭 그만둬야 하나? 그리고 정말 이 금액으로 평생 더 이상 일하지 않고 돈 걱정 없이 살아갈 수 있는 걸까?

직장을 그만두어야 하나, 아니면 그냥 계속 다녀야 하나? 정말로 그만두어도 괜찮은 걸까? 고민이 시작된다. 정말로 사표를 낼 때까지, 몇 달 동안 이어진 고민의 시작이었다.

그런데 꼭 교수를 그만두어야 하나?

2021년 봄, 그러니까 내가 파이어족이 되기 위해 스스로 목표로 한 금액이 만들어지고 아직 회사에 사표는 내지 않았던 시기, 주변 몇몇 사람들에게 나의 사정을 이야기했다.

"이러저러한 상태가 되었고, 그래서 직장을 그만두려고 해."

이때 가장 많이 보였던 반응은 이랬다.

'투자에서 벌었다는 건 알겠고, 직장을 다니지 않아도 먹고살 수 있게 되었다는 것도 알겠다. 그런데 그렇다고 꼭 직장을 그만두어야 하나? 그냥 다녀도 되잖아. 나쁜 직장도 아니고, 매일매일 야근이 있어서 힘든 직장도 아니고, 월급이 적은 것도 아니고. 그런데 왜 꼭 그 직장을 그만두어야 해? 더구나 다른 직업도

아니고 교수인데. 정년까지 아무 문제 없이 다닐 수 있는 직장인데.'

맞다. 직장이 없어도 먹고살 수 있는 돈이 있다고 해서 직장을 그만둘 필요는 없다. 멀리 갈 것도 없이 내 주변에도 충분히 부자이면서 교수를 하고 있는 사람들이 많이 있다.

교수는 월급이 많지는 않지만 그래도 중산층으로 살아갈 수 있는 직업이다. 교수가 월급을 받아 부자가 되는 경우는 없다. 하지만 현재 교수 중에는 몇십 년 전에 해외 유학을 다녀오고 학위를 딴 다음에 돌아와 교수가 된 사람들이 많다. 이렇게 유학을 간 사람 중에서는 장학금으로 간 사람도 있지만, 원래 집이 부자라서 별 부담 없이 유학을 갈 수 있었던 사람들도 많다. 지금도 유학은 어느 정도 자금 여유가 있어야 가능한 일이기는 한데, 그 정도가 20~30년 전에는 훨씬 더 컸다. 당시 자비만으로 유학을 가는 건 굉장히 여유 있는 집인 경우가 많았다. 즉 교수 중에는 원래 집이 부자라서 잘사는 사람들이 적지 않게 있다.

이 사람들은 돈 때문에 교수를 하고 있는 게 아니다. 교수를 그만두면 먹고살 돈이 없어지기 때문에 억지로 교수 직업을 가지고 있는 게 아니다. 집에 돈이 있는 건 있는 거고, 교수 직업은 교수 직업인 거다.

사업으로 돈을 많이 번 사람들도 마찬가지다. 사업해서 큰돈을 번 사람들이 충분히 돈을 벌었으니 이제 사업 그만두고 편하게 지내자 하는 사람은 별로 없다. 그런 사람들도 있기는 하지만, 대부분 사업가들은 이미 충분한 돈을 벌었어도 계속해서 사업을 한다. 한국에서 재벌가 사람들은 평생 풍족하게 살아갈 돈이 있다. 일을 하지 않아도 가지고 있는 주식 배당금으로만 몇십억, 몇백억을 받아간다. 하지만 이렇게 돈이 있어도 회사에서 직책을 갖고 매일매일 출근한다.

크게 성공한 유명 연예인들도 더 이상 방송일을 하지 않으면 먹고살기 어렵기 때문에 방송일을 계속 하는 게 아니다. 많은 유명 연예인들이 충분한 돈을 벌어서 몇십억, 몇백억짜리 건물을 가지고 있다. 하지만 그래도 그들은 계속해서 방송일을 한다. 평생 먹고살 수 있는 충분한 돈을 벌었다는 이유로 연예계에서 은퇴하는 사람을 본 기억이 없다.

근데 왜 난 직장을 그만두려고 할까? 다른 직장도 아니고 교수다. 혹사당하는 직업도 아니고, 월급도 어느 정도 되며, 또 무엇보다 방학이 있다. 사회적 지위도 괜찮다. 먹고살 돈이 생겼다고 해서 이런 좋은 직업인 교수를 꼭 그만둬야 하나? 내가 교수 업무를 워낙 잘 못해서 항상 사고치고, 문제를 일으키고, 논문도 못 쓰고 했다면 그만둬야 할 거다. 하지만 난 그런 문제 교수는 아니었다.

"교수를 꼭 그만두어야 해? 그럴 필요 없잖아?"라는 주변 사람들의 말에 내가 한 말은 이렇다.

"오랫동안 바라온 일이야. 교수가 되기 훨씬 전부터."

그랬다. 난 대학생 때부터 경제적으로 독립하기를 원했다. 다른 사람의 돈을 받지 않고 나 스스로 살아갈 수 있기를 바랐다. 보통 사람들은 경제적으로 독립한다 하면, 부모님으로부터 돈을 받지 않고 스스로 벌어서 사는 걸 말한다. 직장을 다니면서 월급을 받으면 그걸 경제적 독립으로 생각한다. 그런데 나의 경제적 독립의 기준은 그게 아니었다. 회사에서 월급을 받아야만 먹고살 수 있다면 회사에 종속되는 것이다. 부모로부터는 독립이지만 회사로부터는 독립이 아니다. 내가 바랐던 것은 따로 직장이 없어도 먹고살 수 있는 능력이었다. 월급을 포함해서 주변으로부터 돈을 받지 않고 나 스스로 먹고살 수 있는 상태, 그런 경제적 상태가 되기를 원했다.

월급이 없어도 먹고살 수 있는 상태가 되는 걸 인생의 최고 목표로 삼은 건 아니다. 하지만 어떤 일을 하든, 그게 기본 전제 조건이라 생각했다. 먹고사는 일이 해결되어야 정말로 하고 싶은 일을 제대로 할 수 있다고 생각했다. 먹고살기 위한 돈을 마련하고자 하기 싫은 일을 하는 건 좀 그렇지 않은가.

그래서 난 대학생, 대학원생 때 카지노 도박사를 꿈꾼 적이 있었다. 어디에 매여 있지 않으면서 스스로 돈을 벌 수 있는 일은 뭐가 있을까? 월급에 기대지 않고 스스로 생활비를 만들 수 있는 방법으로는 뭐가 있을까? 당시 나의 지식으로는 카지노 도박사가 그랬다. 세계 각국에는 카지노가 있다. 미국, 유럽, 동남아만이 아니라 아프리카, 남미에도 카지노는 있다. 카지노 도박사는 카지노만 있으면 먹고살 수 있다. 즉 카지노 도박사는 전

세계 어디에서도 먹고사는 문제를 해결할 수 있는 사람들이다.

이때 한국에는 카지노가 없었다. 한국의 강원랜드 카지노는 2000년, 내가 박사과정에 들어간 다음에 개장했다. 하지만 카지노 도박사가 되었으면 좋겠다는 건 이미 대학생 때부터 생각했었다. 나는 그때부터 월급과 관계없이 먹고살 수 있는 길을 찾아 헤맸었다.

2021년 봄, 나는 월급과 상관없이 살아갈 수 있게 된 것 같았다. 그러니 이제 월급을 받기 위해 직장을 다니는 일은 그만두어도 되지 않나. 직장에서 하는 일이 월급과 상관없이 좋아하는 일이라면 돈과 관계없이 계속 그 직장을 다닐 것이다. 하지만 나의 직장이 월급 때문에 다니던 곳이라면, 그러면 이제 그만두어도 된다.

여기서 중요한 건 나의 직장 업무가 내가 돈과 관계없이 하고 싶은 일인가 아닌가다. 그런데 그건 분명히 말할 수 있다. 사람들은 흔히 교수라는 직업이 좋다고 말하지만, 나 스스로는 교수 직업을 좋아하지 않았다. 사실 교수는 나의 장래 희망이 아니었다. 박사과정을 밟으며 박사 학위를 따기는 했지만, 그리고 많은 사람이 교수를 목표로 박사 학위를 받지만, 나는 교수가 목표는 아니었다. 1990년대 말, 당시 언론사에 전문기자 제도가 있었다. 박사 학위를 가진 사람은 자기 전문 분야만 대상으로 하는 전문기자로 채용될 수 있었다. 나는 이 전문기자를 목표로 박사과정에 들어갔다. 그런데 내가 학위를 받기 전, 전문기자 제도가 폐지되었다. 전문기자를 목표로 했는데 전문기자는 지원도 못 해보고, 박사 학위를 가진 사람으로서 강사, 교수, 연구자의 길을 걷게 된 거였다. 그래서 난 교수라는 직업에 대해서는 큰 미련이 없었다. 그냥 월급을 받기 위해 다녔던 직장이었을 뿐이다.

이제 월급을 받지 않아도 살 수 있게 되었다. 그리고 교수는 내가 원래 원한 직업, 일이 아니었다. 그러니 이제 교수라는 업을 그만둘 수 있다. 정말로 그만둘 수 있느냐 여부가 문제이지, 교수인지 아닌지는 큰 문제가 아니었다. 그게 2021년 봄, 당시 나의 생각이었다.

50억 원, 이 돈으로 충분할까

직장을 그만두는 문제와 관련해 가장 고민한 것은 과연 이 돈으로 충분할까 하는 문제였다. 난 정년퇴직을 할 때까지 직장에서 받을 수 있는 금액을 기준으로 했다. 현금으로 그 목돈이 만들어지면 직장을 그만둘 수 있다고 생각한 것이다. 그런데 정말로 그 돈만으로 충분한 걸까?

정년까지의 소득을 기준으로 할 때 한 가지 문제가 있다. 정년까지는 지금의 생활수준을 유지하며 살아갈 수 있는데, 그 이후는 어떻게 할 거냐는 문제다. 65세 정년퇴직을 하면 그 이후에는 연금이 나온다. 나는 교수이기 때문에 국민연금이 아니라 사학연금이다. 국민연금은 최대치가 월 240만 원 정도다. 사학연금은 그보다는 많이 나올 수 있는데 그 대신 퇴직금은 없다. 퇴직금을 받지 않고 연금을 더 받느냐, 퇴직금을 받고 국민연금 정도의 돈을 매월 받느냐를 선택해야 한다. 퇴직금을 받지 않고 연금을 받기로 하면 국민연금보다 더 많은 돈을 받기는 하지만 그래도 현재 받는 월급보다는 훨씬 적은 돈이다. 그 돈으로 현재의 생활수준을 유지할 수는 없다.

정년 65세까지는 지금대로 살고, 65세 이후면 생활수준을 팍 줄이고 산다? 직장에서 퇴직하고 연금을 받는 사람들은 그렇게 지출을 줄여야만 한다. 그런데 난 아직 정년까지 시간이 많이 남았다. 그러니 지금 65세가 되면 생활비를 팍 줄이는 것을 전제로 계획해서는 안 된다. 정년퇴직 이후에도 그 이전의 생활수준이 계속되도록 뭔가를 시도해야 하는 것이다.

지금 마련한 13억 원의 수익금. 이 돈으로 65세까지의 소득은 보전된다. 그러면 그 이후는 어떻게 하나? 월 200만 원 정도의 연금만으로 살아가야 하나? 그럴 수는 없다. 정년 이후에도 현재의 생활수준을 그대로 유지하면서 살려고 해야 한다. 그러려면 이 13억 원의 돈으로는 부족하다. 더 필요하다.

여러 가지 시나리오를 돌려본다. 13억 원의 수익금을 CMA 등에 넣는다고 하면 연 2~3%의 이자가 붙는다. 그 이자 수익까지 포함하면 이 돈으로 언제까지 버틸 수 있을까. 은행과 같이 안전한 예금에 두지 않고 계속 투자를 하면 어떨까? 채권 투자 같은 것은 연 5% 수익은 얻을 수 있다. 주식 중에서도 배당주 투자 등을 하면 연 5% 정도는 충분히 가능하다. 연 5% 이자를 계속 받는다고 하면, 이 돈으로 얼마까지 버틸 수 있을까?

계속 투자를 해서 7% 수익을 달성한다면? 10% 수익이 발생한다면? 그러나 그런 수익률을 추구하면 필연적으로 위험도가 높은 곳에 투자해야 한다. 그러면 수익이 아니라 손실이 발생한다. 직장을 그만두었는데 지금 돈에서 까먹으면 문제가 심각해진다. 연 7% 이상의 수익을 기대하며 플랜을 짜면 곤란하다.

앞으로 생활비로 쓸 돈이라면 높은 수익은 아니더라도 안정적인 투자처를 위주로 해야 한다. 그런데 높은 수익을 얻지 못하면 이 돈으로는 정년 65세 이후에 몇 년 버티지 못한다.

방법이 있기는 하다. 지금 난 수익금 13억 원만을 대상으로 계획을 짜고 있다. 이 돈 말고 투자 원금, 부동산 등을 포함하면 정년 이후의 재무상태 문제가 해결될 수 있다. 그런데 사실 투자 원금은 그리 많은 돈이 아니다. 가장 큰 자산은 부동산이다. 이 부동산을 처분하면 정년 이후에 먹고살 돈이 나오기는 한다.

그러나 부동산을 판다고 할 때도 문제는 있다. 어쨌든 내가 거주할 부동산은 필요하다. 내가 거주할 부동산을 제외하고 나머지 부동산이 현금으로 바뀌어야 한다. 지금 내가 보유한 부동산을 팔고 나서 더 싼 곳으로 이사를 가고, 그 차액으로 살아가야 한다는 말이다. 부동산 가격이 팍 떨어진 곳으로 가면 좀 오래 버틸 수 있다. 하지만 부동산 가격이 그리 차이 나지 않는 곳으로 가면 그 돈으로도 오래 버티지 못한다.

계속 시나리오를 돌려본다. 그런데 이 시나리오들 모두 근본적인 문제를 가지고 있다. 정년 이후의 재무상태를 계획할 때 가장 근본적인 문제는 내가 몇 살까지 살지 모른다는 점이다. 75세까지 살지, 85세까지 살지, 95세까지 살지 알지 못한다. 그리고 75세까지 사느냐, 85세까지 사느냐, 95세까지 사느냐에 따라 필요한 돈이 완전히 달라진다.

75세까지 사는 것을 전제로 해서 예산 재무계획을 짜신 분이 있다. 재산을 많이 모았고, 그 돈을 75세까지 모두 쓰고 죽는 것으로 계획을 잡았다. 회사를 그만둔 이후에도 회사를 다녔을 때와 똑같은 생활수준을 유지하면서 정말 잘 살았다. 문제는 이분이 원래 예상보다 훨씬 오래 살았다는 점이다. 원래 계획한 75세까지는 잘 살았다. 계획한 대로 지출이 이루어졌고, 75세 때 모든 돈을 다 썼다. 그런데 아직 건강하다. 75세에 죽는 것으로 인생 계획을 짜고 지출을 해왔는데, 예상보다 더 오래 산다. 결과는 노년 빈곤이다.

몇십억 원의 재산을 가진 나이 든 부자가 있다. 돈이 있기는 한데 돈을 제대로 써본 적은 없다. 이제 나이도 들었고 하니 돈을 쓰면서 즐기며 살았으면 좋겠다. 하지만 돈을 팍팍 쓰는 건 무섭다. 앞으로 몇십 년을 더 살지 모른다. 그런데 지금 아무 생각 없이 펑펑 쓰다가 나중에 돈이 떨어지면 어떻게 하나? 지금 나이 70이 넘었으니 이제는 써도 될 거 같다. 하지만 지금은 100세 시대라고 한다. 앞으로 20년 이상 더 살지 모른다. 몇십억 원이 있다 해도 이 돈으로 20년 이상의 세월 동안 버틸 거라고 자신할 수는 없다. 돈을 쓰지 못하고 계속 아끼고만 있다.

나는 몇 살까지 살 거라 예상하고 돈을 다 써버린 다음에, 예상보다 더 오래 사는 바람에 돈이 없어 빈곤 상태가 되는 걸 원하지 않는다. 그렇다고 나이 70이 넘어서까지 노후를 대비하느라 재산을 건드리지 않고 그냥 아끼기만 하는 생활도 원하지 않는다.

죽을 때까지 생활수준을 줄이지 않고 계속 살다가, 마지막에 어느 정도의 재산이 남겨지는 걸 원한다. 그래야 노년 빈곤의 두려움을 겪지 않고 삶을 마무리할 수 있다. 하지만 이걸 미리 계획하는 건 굉장히 어려운 일이었다. 80세까지 사느냐, 90세까지 사느냐, 100세까지 사느냐에 따라 완전히 다른 재무계획이 만들어진다.

있는 돈으로 연 5% 정도의 수익을 올린다고 하고, 또 나중에 부동산을 처분해 산다고 할 때 85세 정도까지는 생활수준을 특별히 줄이지 않고 살아갈 수 있는 것 같다. 이 정도면 괜찮지 않을까. 직장을 그만두고 더 이상 일을 하면서 돈을 벌지 않아도 되지 않을까?

그런데 만약 85세 이상 살면 어떻게 되지? 그럼 완전 망하는 거 아닌가. 그런데 난 지금 연 5%의 수익을 기준으로 하고 있다. 하지만 지금까지 난 연 5% 이상의 수익을 올리지 않았나? 그러면 90세까지는 괜찮은 거 아닌가.

아니다. 투자수익률이 가장 높은 연령대는 40~50대다. 나이가 들면 투자수익률은 떨어진다. 지금까지는 5%의 수익은 올릴 수 있었다 해도 나이 60이 넘어서도 그럴 거라 기대하면 안 된다. 그럼 80세 전에 재산이 모두 날아갈 수도 있는 거 아닌가.

지금까지는 이렇게 나이 들어서, 정년 이후의 재무계획에 대해 특별히 계산하고 고민한 적이 없었다. 그냥 '연금 받으며 잘 살겠지'라고만 생각해왔다. 그런데 직장을 그만둘까를 고민하면서 평생의 재무상태를 기획하게 된다. 그러면서 알게 된다. 언제까지 살지 모르는 상태에서 노년 빈곤의 두려움에서 벗어나는 건 굉장히 어려운 일이다. 난 몇십억 원의 재산이 있는 상태인데도 이렇게 고민이 되는데, 다른 사람들은 어떨까? 이건 간단한 문제가 아니었다.

어쨌든 이렇게 저렇게 고민을 해보고 한 가지는 나름대로 결론이 나왔다. 85세까지는 괜찮겠다. 그때까지는 지금의 생활수준을 유지하며 살아갈 수 있겠다. 정말로 직장을 그만둬도 경제적으로 큰 문제는 없겠다는 결론이었다.

'월세 받으면서 살기'는
고려 대상이 될 수 없었던 이유

    파이어족의 돈 문제와 관련해서 한 가지 이야기해두자. 보통 사람들은 파이어족이 되기 위해 필요한 것은 일하지 않아도 매월 들어오는 소득, 소위 파이프라인이라고 말한다.

    일하지 않아도 들어오는 소득은 부동산 월세 수입, 특허료, 저작권료, 배당금 등 여러 가지가 있다. 하지만 파이어족을 노리는 사람들에게 이 중 현실성이 있는 것은 부동산 월세 수입이다. 특허료, 저작권료로 생활비를 벌 정도의 사람은 그 분야에서 최고 수준에 달한 사람들뿐이다. 게다가 이건 단기간 수입일 뿐이지, 앞으로 몇십 년 동안 계속해서 생활비가 보장된다고는 할 수 없는 수입이다. 노래가 대히트하면 지금 큰돈이 들어온다. 하지만 이 저작권료가 10년 후를 보장하지는 못한다. 시간이 지나면 저작권료 수입은 급감한다. 저작권료를 기대하고 일을 그만둘 수는 없다. 배당금은 안정적인 소득일 수 있지만, 이것은 회사의 수익과 직결된다. 회사의 수익이 안 좋으면 배당금은 없거나 크게 준다. 안정적인 수익이 나는 회사의 주식을 사면 나름대로 안정적인 배당금을 기대할 수 있다. 그런데 이렇게 안정적으로 배당금을 주는 회사는 그 지급액이 굉장히 작다. 연 1~2%의 수익만 기대할 수 있다. 또 배당금은 보통 1년에 한 번 지급된다. 매월 생활비가 필요한 사람은 배당금만을 기대하며 살아갈 수 없다.

그래서 파이어족에 대해 말하는 사람들은 대부분 수익형 부동산을 사서 거기서 월세 받는 방법을 이야기한다. 오피스텔이든, 빌라든, 상가든 부동산을 사서 매월 나오는 월세가 월급을 대체할 정도가 되면 파이어족이 될 수 있다고 기대한다. 특히 건물주가 되면 일하지 않아도 안정적으로 잘살 수 있는 부자가 되는 것으로 본다. 부동산 월세는 평생 죽을 때까지 정기적으로 수익이 나온다. 또 물가가 오르면 월세도 오른다. 지금 월급 300만 원을 받는다고 하면, 부동산을 구입해서 월 300만 원의 월세 수입이 나올 때 파이어족이 될 수 있다. 그게 보통 사람들이 파이어족을 노릴 때 쓰는 방법이다.

사실 나도 처음에 이 방법을 추구했다. 오피스텔을 샀고, 조그만 상가도 구입했다. 그리고 차근차근 오피스텔의 수를 늘렸다. 오피스텔을 4채까지 소유하고 월세를 받았다. 그리고 알게 된다. 이 방법으로 부자가 될 수는 없다. 일하지 않고 안정적으로 살아가는 파이어족이 될 수도 없다.

일단 월수입을 대체할 정도로 부동산을 산다는 것 자체가 쉽지 않다. 서울 강남에서 순 월세 수입이 80만 원 정도 나오는 오피스텔은 3억 원 정도 한다. 오피스텔 4채면 12억 원. 12억 원을 들여 오피스텔 4채를 구입하면 월 300만 원 수입이 가능하고 그럼 파이어족이 될 수 있다.

그런데 순수하게 이 정도 월세 수입을 얻기 위해서는 일단 자기가 살 집은 다른 곳에 있어야 한다. 내가 사는 집이 자가여야 하고, 오피스텔 등을 부채 없이 순전히 자기 돈으로만 구입해야 한다. 부채가 있으면 월 이자를 지불하느라 수익이 떨어지고, 내 집에 살지 않으면 월세, 전세금 부담으로 실질적으로 쓸 수 있는 돈이 없다.

자기 살 집을 가지고, 빚이 없이 수익형 부동산을 12억 원 정도 가지고 있어야 월 300만 원 수익이 가능하다. 자기 살 집이 있고 별도로 12억 원이 있으면 그건 이미 부자다. 그런데 월급을 차근차근 모으고 저축을 하면 자기 집과 여윳돈 12억 원을 만들 수 있나?

주식을 하면 가능하다. 아파트 투자를 하면 가능하다. 주식과 아파트 투자는 2배, 3배 오를 가능성이 있다. 어렵기는 하지만 어쨌든 가능하기는 하다. 그러나 돈이 생기면 차근차근 오피스텔을 구입하는 방식으로는 거의 불가능하다. 오피스텔은 안 오른다. 상가도 전국에서 몇 안 되는 소위 뜨는 지역이 아니면 오르지 않는다. 주식, 아파트 투자로는 부자가 될 수 있다. 하지만 오피스텔 투자로 부자는 될 수 없다. 이미 부자인 사람이 많은 오피스텔을 구입해서 많은 월세 수입을 올리는 건 가능하다. 하지만 오피스텔 투자만으로 자기 집 외 10억 원 이상의 돈을 만드는 건 불가능하다.

어쨌든 돈을 모아 순 월세 80만 원이 나오는 오피스텔 4채가 있으면 매달 320만 원의 수입이 나온다. 그러면 월 300만 원 직장을 그만두고 파이어족으로 살아도 되지 않을까? 그럴 것 같다. 그런데 이건 세입자가 매달 월세를 밀리지 않고 잘 낸다는 전제가 있을 때다. 사람들은 보통 집주인이 세입자에게 얼마나 부당한 짓을 많이 하는지를 이야기한다. 그런데 세입자의 문제점에 대해서는 거의 말하지 않는다. 세입자는 월세 꼬박꼬박 잘 내고 집주인에게 부당한 요구를 하지 않는 것으로 생각한다. 그런데 그게 간단하지 않다. 나의 경험으로는 세 집 정도 임대를 주면 그중 한 집에서는 월세가 밀리는 일이 발생한다. 며칠 밀리는 정도가 아니라 몇 달 밀리는 경우도 자주 볼 수 있다. 특히 월세가 100만 원이 넘어간다면 밀릴 확률이 증가한다. 회사나 법인 사무실이라면 모를까, 빌라나 다세대주택 등에서 월세 100만 원을 넘게 받으면 그중 높은 비율로 월세를 제때에 내지 못하는 사태가 발생한다. 사정이 이런데 월세를 받아 주 생활비로 삼겠다고 하면 분명 문제가 생긴다. 월세로 살아가는데 세입자가 월세를 내지 않으면 내 생활비에 구멍이 생긴다. 월세를 믿고 파이어족이 되면 곤란한 이유다. 월세를 믿고 파이어족이 되려면 자기 생활비보다 훨씬 많은 월세를 받아야 한다. 그래야 월세를 못 내는 사람이 있어도 내 생활이 영향을 받지 않는다.

월세 미지급 사태뿐 아니라 공실의 문제도 있다. 세입자가 들어와서 몇 년 계속 살아주면 참 좋은데 그게 쉽지 않다. 세입자가 나가면 그다음 세입자가 들어올 때까지 월세 수입이 없다. 또 새 세입자가 들어오면 입주 청소도 해야 하고, 도배도 해야 하고, 시설물도 수리 보완해야 하고, 부동산 사무실에 중개 수수료도 지급해야 한다. 사실 세입자가 1년 만에 바뀌면 실질적인 부동산 임대 수입은 없다고 봐야 한다. 은행 이자 수입 정도만 나오는 수준이다.

무엇보다 문제는 이상한 임차인을 만나는 경우다. 다른 사람 집을 임차해서 사는 걸 호텔에 들어와 사는 것처럼 생각하는 임차인들이 있다. 무슨 일만 있으면 호텔 직원 찾듯 임대인을 찾는다. 에어컨이나 보일러가 고장 나서 임대인을 찾는 건 당연한 일이긴 하다. 그런데 전등 하나 나가도 임대인에게 요구를 한다. 하수구가 막혔다고 연락하고, 또 이러저러한 게 있으면 좋겠다고, 구입해달라고 요구한다. 이런 임차인에게 계속해서 연락을 받다 보면, 임대인은 그냥 숙박 서비스업자가 되어버린다.

건물주가 되면 사정이 달라질까? 가까운 분 중 건물주가 있다. 그런데 건물주의 삶이 참 고단하다. 10층짜리 건물을 가지고 이걸 건물 운영사에 맡겨 월세만 챙긴다면 괜찮을 수 있다. 하지만 건물주가 직접 건물을 운영하고 관리한다면 복잡해진다. 건물에 들어온 곳이 8곳이면, 임차인 8명을 두고 있는 것과 같다. 월세 못 내는 곳이 반드시 나오고, 1~2년 간격으로 계속 나가는 사람이 나온다. 월세 수입은 그대로인데 세금은 계속 늘어나서 실질 수입은 줄기만 한다. 시간이 지나면 건물은 점점 노쇠해가고, 입주자 찾기는 점점 더 힘들어진다. 처음에는 공실을 생각하지 않았는데, 점차 공실 위험이 높아져 간다.

그래서 나는 부동산 임대소득으로 소득 파이프를 만드는 건 생각하지 않았다. 처음에는 그 길을 걷고자 했는데, 오피스텔 몇 개 구입해보고 이게 생각과는 다르다는 걸 알고 포기했다. 내가 직장을 그만둘까 말까, 이 돈으로 충분할까 아닐까를 고민하면서, 부동산을 구입해서 월세 받는 것은 생각하지 않은 이유다.

퇴직, 고민 끝에 드디어 결정하다

　　교수 생활은 그만두고 싶다. 그리고 직장에서 받는 월급이 없어도 살아갈 수 있을 것 같다. 하지만 그럼에도 불구하고 정말로 교수직을 그만두는 건 쉽지 않은 일이다. 어떻게 해야 하나 계속 고민을 한다.

　　문제는 교수라는 직업의 특징이다. 교수는 한 번 스스로 그만두면 완전히 끝이다. 다시는 학계로 복귀할 수 없다. 교수로서 학교를 그만둔다는 건 단순히 교수 직업을 그만둔다는 데서 그치지 않는다. 나의 학계에서의 경력이 끝나는 것이고, 다시는 학계에서 제대로 활동할 수 없다. 단지 직장을 그만두는 것이 아니라 내가 그동안 몸담았던 직업 세계에서 완전히 은퇴하는 것이다.

다른 직업에서는 직장을 그만둔다 하더라도 완전히 자기 업무가 끝나는 건 아니다. 마케팅 업무를 하던 사람이 직장을 그만두고 파이어족이 되었다 하자. 파이어족으로 좀 지내다 마음이 바뀌면 다시 취직할 수도 있다. 이전에 일하던 마케팅 업무를 다시 시작할 수 있다. 예전에 다니던 회사로 되돌아가는 것은 쉽지 않겠지만 다른 회사에는 얼마든지 취직할 수 있다. 대부분의 직장인에게 회사를 그만둔다는 것은 잠시 쉬는 것, 충전 시간을 가지는 것일 수 있다. 나중에 다시 자신의 업계로 돌아가는 것이 가능하다.

그런데 그게 안 되는 분야가 있다. 한 번 그만두면 그냥 끝인 분야가 있다. 군인이 대표적이다. 대령 계급의 어느 군인이 스스로 사표를 냈는데, 몇 년 후 다시 군인을 하고 싶어졌다고 하자. 이때 그가 다시 군인이 될 수 있는 방법은 없다.

회사의 경우 사장을 지내면 그만둔 지 몇 년 지나서라도 다른 회사의 사장으로 갈 기회가 생길 수 있다. 사장으로서의 지식과 경력을 바탕으로 관련 업계에서 계속 일할 수 있다. 사장은 아니더라도 이사, 실장 등으로 일할 기회가 주어지기도 한다. 그러나 별 두 개 사단장을 지낸 군인은 퇴직을 하면 그것으로 군 경력은 끝이다. 사단장으로서의 경험, 지식을 귀중하게 여겨 다른 군부대에서 사단장으로 모시는 일은 절대 없다. 사단장은 고사하고, 중령·소령 같은 중간 직위, 대위·중위 같은 하급 직위로도 절대 받아주지 않는다. 퇴직을 하면 군인 세계와는 영영 끝이다.

교수도 마찬가지다. 교수 세계는 굉장히 폐쇄적이다. 한 번 교수를 그만두면 다시는 교수로 채용되기 힘들다. 자기가 원래 다니던 학교 교수로 되돌아가는 게 안 되는 건 물론이고, 전국 다른 대학의 교수로 다시 들어가는 것도 불가능하다. 지금 다니던 대학의 교수를 그만두고 다른 대학의 교수로 옮기는 건 괜찮다. 하지만 교수를 그만두고 대학을 떠났다가, 몇 년 후 다시 대학교수로 들어가는 건 불가능하다.

교수가 아니라 강사로 되돌아갈 수는 있다. 겸임교수, 초빙교수, 산업체 중점교수, 연구교수 등으로 돌아갈 수는 있다. 그런데 대학 외부에서 보기에는 겸임교수, 초빙교수, 연구교수 등이 모두 교수로 보이겠지만 학교 내부에서는 진짜(?) 교수와 이런 교수의 차별은 굉장히 엄격하다. 교수로 불리기는 하지만 진짜 교수가 아니다.

결국 내가 지금 교수를 그만둔다는 건 대학교수 업계를 완전히 떠난다는 말이 된다. 앞으로 다시는 대학에 발붙일 수 없고 교수가 될 수 없다. 즉 교수를 스스로 그만두는 건 단순히 직장을 그만둔다는 것과는 다르다. 업계에서 완전히 은퇴하는 것이다.

나는 2002년부터 강사 생활을 시작했고, 학계에서 활동한 시간이 20년이다. 한 사람이 어떤 한 분야에서 20년을 있으면 상당한 시간을 보낸 것이다. 기업이라면 신입사원이 이사가 될 수 있는 시간이다. 사실 대학 졸업 이후 인생 전부를 보냈다고 해도 되는 시간이다. 그런데 그런 직업적 위치를 스스로 버릴 수 있나?

내가 진정으로 원한 일이 아니었다고 해도 20년간 대학에 있었다는 사실은 변하지 않는다. 그리고 나 스스로 진정 원한 일이 아니었다고 말을 하지만, 정말로 싫어하는 일이었다면, 그리고 정말로 적성에 맞지 않는 일이었다면 17년간 교수로 지낼 수도 없었을 것이다.

교수를 그만두고 나서 나중에 다시 교수가 될 수 있다면, 그러니까 내가 이 분야로 다시 돌아올 수 있다면 크게 고민하지 않고 지금 그만둘 수도 있을 것이다. 그러나 교수는 그게 불가능한 분야다. 지금 교수를 그만두면 정말로 교수 업계하고는 완전히 끝난다.

교수는 알게 모르게 사회에서 대접받는 게 많이 있다. 어디에 가도 '교수님, 교수님'이란 말을 듣는다. 일반 직장에서는 과장, 부장, 이사, 사장 등에 따라 상대방이 대하는 게 달라진다. 다른 업체 사장을 만날 때 내가 과장인지, 전무인지, 사장인지에 따라 접대가 다르다. 과장이면 다른 회사 사장을 아예 만나지도 못할 수 있다. 정부 기관의 경우에도 과장, 국장, 차관, 장관 등의 직급에 따라 만나는 대상이 달라진다.

그런데 이런 직급들을 차별 없이 만날 수 있는 직업이 있다. 교수다. 교수는 과장과 만나 이야기해도 이상하지 않고, 장관과 만나 이야기해도 이상하지 않다. 기업에 갔을 때 팀장하고 만나

이야기할 수도 있고, 사장을 만나 이야기할 수도 있다.

사람들이 뒤에서는 교수를 욕하곤 한다. 하지만 앞에서 무시하지는 않는다. 앞에서는 항상 교수님, 교수님 그런다. 이게 상당한 특권이다. 난 교수라는 직업을 좋아하지는 않지만, 교수에 이런 이점과 특권이 있다는 걸 부인할 수는 없다.

교수를 그만두면 그런 사회적 지위도 모두 사라질 것이다. 내가 교수를 그만두면 다른 직장을 가질 것도 아니니 그냥 백수가 된다. 교수에서 백수로의 사회적 지위의 변화. 어쩔 수 없이 그만두어야 해서 이런 사회적 지위 변화를 겪는 게 아니라, 나 스스로 이런 선택을 할 수 있는 건가? 꼭 그래야만 할까? 나중에 후회하게 되는 건 아닐까?

이건은 나중에 후회한다고 해서 되돌릴 수가 없다. 나중에 내가 잘못 생각했다, 역시 교수가 좋았다, 다시 기회를 달라고 사정사정해도 되돌아갈 수 있는 방법이 없다. 그런데도 그만둘 건가?

1월부터 고민을 시작했고, 몇 달간 과연 그만두어도 되는가로 고민을 했다. 그만두어야 한다는 생각이 더 강하긴 했지만, 나스스로 사표를 쓰고 제출할 수 있을 정도의 결단을 내릴 수는 없었다.

그만두는 것이 결정된 건 사표 제출이 아닌 다른 방법이었다. 교수에는 조교수, 부교수, 정교수가 있다. 밖에서 보기에는 모두 같은 교수이지만 학교 내부에서는 차이가 있다. 정교수는 정년까지 임기가 보장된 교수이고, 부교수는 6년마다, 조교수는 4년마다 재임용을 한다. 그런데 이 재임용은 형식적이다. 재임용 기본 조건만 갖추면 재임용에서 떨어지는 일은 없다. 재임용에서 떨어지는 일이 없기 때문에 그냥 교수가 되면 정년이 보장된다고 말하는 것이다.

나는 부교수였고, 2021년 9월에 부교수로 재임용되거나 정교수로 승진 신청을 할 때였다. 재임용 서류는 2021년 4월 말까지 내야 했다. 그런데 난 이때 재임용 신청 서류를 제출하지 않았다. 재임용 신청서를 내지 않았는데 학교에서 재임용을 할 수는 없다. 재임용 신청서를 내지 않으면서, 난 2021년 8월 말에 학교를 그만두는 게 자체적으로 확정된다. 몇 달 동안 이어진 고민의 끝이었다.

나 스스로 사표를 쓸 수 있었을지는 잘 모르겠다. 그 정도로 확신을 가지고 행동을 하기는 힘들었다. 그만큼 미련도 있었다는 뜻이다. 하지만 재임용 신청서를 내지 않은 이상, 이제는 결정되었다. 난 교수를 그만둔다. 2021년 8월 31일까지만 교수다.

주변에 알리기

2021년 4월, 재임용 신청서를 내지 않았고, 그로 인해 2021년 8월 말에 학교를 그만두는 게 확정되었다. 교수를 그만두는 게 확정되고 나서 이 사실을 주위에 알려야 하나, 말아야 하나, 알리더라도 교수를 그만두는 이유를 말해야 하나, 말아야 하나를 놓고 고민이 되었다.

보통 직장이라면 직장을 그만둔다는 이야기만 하면 되지, 직장을 왜 그만두는지에 대한 이유를 말할 필요는 없다. 그냥 이번에 회사를 퇴직하게 되었다는 이야기만 해도 된다. 듣는 사람은 나름대로 이 친구가 왜 그만두는지 생각할 것이다. 대박이 나서 그만두나, 건강이 안 좋아서 그만두나, 회사에서 잘렸나, 안 좋은 일이 있어서 그만두나, 다른 회사에 들어가기 위해 잠시 나온 건가, 재충전이 필요해서 그만두나 등등으로 생각할 수 있다. 아주 친한 사이라면 그 정확한 이유를 캐듯이 물어볼 수 있지만 보통은 그렇게까지 자세히 물어보지 않는다. 또 그 이유를 정확히 알지 못해도 큰 문제는 없다.

사실 투자로 돈을 벌어서 직장을 그만둔다는 말은 할 수 있는 말이 아니다. 투자로 벌었다는 말뿐 아니라, 어떤 방법으로든 내가 돈을 얼마 벌었다고 말하는 선 바보 같은 일이나. 부동산 값이 오른 걸 이야기하는 건 그래도 괜찮다. 부동산 값이 올라서 큰돈을 벌었다고 해서 주위에서 돈 빌려달라고 오지는 않는다. 부동산이 있을 뿐이지 빌려줄 돈이 없다는 걸 상대방도 안다. 하지만 현금 자산으로 얼마를 벌었다고 스스로 자랑하는 건 바보 같은 일이다. 돈 있다고 자랑하듯 말하면 안 된다는 건 철칙이다. 충분한 돈을 벌어서 직장을 그만둔다고 말하는 건 곤란하다.

그건 알고 있다. 그럼에도 불구하고 내가 퇴직이 확정된 다음에 우선 한 일은 주변에 내가 학교를 그만둔다는 것을 알린 일이다. 주변 친구들 외에 대학 박사 동료들, 학계에 있는 지인들에게 내가 학교를 그만둔다는 것을 알렸다. 그리고 내가 왜 학교를 그만두게 되었는지에 대한 이유도 제대로 말했다. 비트코인, 주식 등으로 수익이 충분히 생겨서 학교를 그만두기로 했다고 말했다.

일반 직장이라면 솔직히 말하지 않고 그냥 이런저런 이유를 붙여서 사표를 내도 된다. 그런데 교수는 좀 다르다. 다른 학교의 교수로 간다거나, 아니면 공무원 등 다른 직업으로 가기 위해 교수를 그만두는 경우는 있다. 하지만 그런 거 없이 그냥 교수를 그만두는 건 정말 드문 일이다.

교수가 정년, 명예퇴직 등이 아닌데 그냥 그만두는 경우는 어떤 때일까? 건강이 안 좋아서? 근데 건강이 안 좋으면 휴직을 하지 퇴직을 하지는 않는다. 재충전이 필요해서? 교수는 6년에 한 번 정도 재충전 시간으로 안식년을 보낸다. 꼭 하고 싶은 일이 있어서? 교수는 학교를 가지 않아도 되는 방학이 있다. 또 일주일 내내 학교에 매여 있는 몸도 아니다. 꼭 하고 싶은 일은 그런 시간에 하면 되지 교수를 그만둘 필요는 없다.

교수가 자기 스스로 교수직을 그만두는 경우는 대부분 뭔가 사회적으로 문제가 되는 일이 있는 때다. 학교에서 연구비를 횡령하거나, 학생을 성희롱해 문제가 되거나, 아니면 학교 외부에서 범죄와 연관된 경우가 그렇다. 교수는 범죄와 연관돼서 법적으로 실형을 선고받으면 교수직을 그만두어야 한다. 꼭 지금 당장 실형을 선고받지 않았더라도 사회적으로 불미스런 일로 이슈가 되면 권고사직을 받기도 한다.

그래서 교수들끼리는 어느 학교에 있는 누가 중간에 그만두었다 하면 무슨 일이 있구나 하고 생각한다. 말하기 힘든 뭔가 불미스러운 일이 있는 거다. 자세히 물어볼 수는 없지만, 안 좋은 일이 있어서 그만둘 수밖에 없는 상황이 온 거라고 짐작한다.

겉으로 보기에 이런 문제가 없는 경우도 마찬가지다. 교수는 형사 사건으로 실형 이상의 판결을 받으면 자동 면직된다. 보통 파면, 아니면 해임이다. 파면이면 퇴직금, 연금을 하나도 못 받는다. 해임이면 퇴직금, 연금을 받는 액수가 준다. 이때 교수가 최종 판결이 나기 전에 미리 사직을 하면 퇴직금, 연금을 모두 챙길 수 있다. 아직 재판이 열리지 않고 경찰이 수사 중인 단계에 있을 뿐이라 해도, 유죄일 가능성이 높으면 본인이 미리 사표를 던질 수 있다.

이건 공무원도 마찬가지다. 그래서 교수, 공무원은 사표를 내면 바로 수리되지 않는다. 경찰에 연락해서 이 사람이 현재 형사 사건으로 문제되는 게 있는지 확인을 한다. 형사 사건에 계류돼 있으면 그 사건이 끝날 때까지 사표가 수리되지 않는다. 해임, 파면되어야 하는데 본인이 사표를 던지는 것으로 마무리되지 않도록 하기 위해서다.

내가 교수를 그만두면서 확실한 이유를 이야기하지 않으면 주변에서 어떤 반응일지 쉽게 알 수 있다. 나에게 무언가 문제가 있는 것으로 생각한다. 단순한 개인적인 문제가 아니라 무언가 비리와 연관되었을 가능성이 큰 것으로 생각한다. 무언가 그만둘 수밖에 없는 사정이 있어서 그만두게 된 것으로 본다.

학계의 인맥은 좁다. 지난 20년 동안 내가 학계에서 오래 알아온 사람들에게 그런 오해의 여지를 안겨줄 수는 없다. '쟤 뭔가 문제가 있었나 보다. 그래서 교수를 그만두었나 보다'라는 의심을 받는 것보다는 '나 돈 벌어서 교수 그만둬요' 하는 편이 차라리 낫다. 그래서 솔직히 말한다. "이번에 투자로 큰돈을 벌었고, 그래서 그만두기로 했습니다."

나와 가까운 사람들은 내가 비트코인을 가지고 있다는 것, 그리고 평소에 주식, 부동산 등 투자 활동을 하고 있다는 걸 안다. 2020년 가을 이후 비트코인, 주식이 크게 올랐다는 건 워낙 사회적으로 크게 이슈가 되었기에 대부분의 사람이 다 알고 있다. 그리고 내가 비트코인, 주식을 하는 것을 알기에 주변 사람들은 나도 큰 수익이 났다는 것은 짐작하고 있었다.

하지만 사람들의 반응을 보면, 내가 큰 수익이 났다는 것은 예상했지만, 그래도 그렇게 크게 수익이 난 줄은 예상하지 못한 것 같다. 몇백만 원, 몇천만 원 정도의 수익이 나서 크게 한턱 얻어먹을 수 있을 거라는 정도로만 생각했던 것 같다. 그래서 내가 그 수익으로 직장을 그만둘 거라고 이야기했을 때 모두 놀라워했다.

그런데 재미있는 사실. 내가 큰 수익이 났다는 것에 대해서는 많은 사람이 놀라워했다. 그런데 내가 교수를 그만둔다는 것에 대해서는 그렇게 놀라지 않는 사람들이 많았다. 그냥 아는 사람들은 내가 교수를 그만둔다는 것에 대해 놀랐지만, 정말 가까운 사람들은 별로 놀라지 않았다. 이 사람들은 내가 계속 교수를 하지 않을 거라고 짐작했다. 교수를 그만두고 뭘 할지는 모르지만, 어쨌든 내가 교수를 그만둘 거라고 예상했던 사람들이 심심찮게 있었다. 알게 모르게 내가 그동안 교수를 하고 싶지 않아 한다는 것, 교수를 그만두었으면 하고 바라고 있다는 것을 내비치고 있었던 것 같다.

어쨌든 주변 사람들에게 비트코인, 주식에서 돈을 벌어서 교수를 그만둔다는 것을 다 이야기했다. 이때는 20~30대 젊은이들 중에서 코인으로 돈을 벌어 직장을 그만둔다는 이야기가 심심찮게 돌고 있던 시기였다. 하지만 50대가 코인으로 돈을 벌어서 직장을 그만둔다는 이야기는 들어본 적이 거의 없었다. 그리고 주변에 이런 사람이 있다더라는 말은 있지만 실제 대부분 사람은 그런 사람을 직접 보지는 못했다. 난 주변 사람들에게 코인으로 돈 벌어서 직장을 그만둔 실제 사례가 되었다.

퇴직할 때까지,
정말 하기 싫었던 직장 생활

학교는 시간 흐름이 학기별로 정해진다. 1학기는 3월부터 8월, 2학기는 9월부터 그다음 해 2월이다. 내가 학교를 그만둔다는 것은 4월 말에 정해졌지만, 그렇다고 5월이나 6월에 퇴직하는 건 아니다. 1학기가 마무리되는 8월 말에 그만둔다. 그래서 난 4월 말부터 그만두는 시점인 8월 말까지 교수로서의 업무를 한다. 1학기 수업이 마무리될 때까지 강의는 계속해서 하고, 성적 처리, 기타 학교 행정 업무도 계속된다. 난 이때 학과장이었다. 보고서, 기타 여러 가지 행정 결재 업무도 계속된다.

직장을 그만둘 때도 보통은 사표를 내고 바로 다음 날 그만두지는 않는다. 못해도 한 달 정도의 시간은 둔다. 나는 학기별로 움직이는 학교에 있었기 때문에 사표를 낸 다음에도 넉 달이나 더 있었지만, 보통 회사는 한 달의 여유 기간을 둔다. 이때 그동안 자기가 맡은 업무를 마무리 짓고, 후임에게 인수인계를 한다. 사표를 냈다고 해서 그동안 자기 업무를 내팽개치지는 않는다. 보통은 최대한 잘 마무리 짓고 떠나려 한다. 책임감 있게 마무리하는 모습을 보여주는 게 떠나는 직장에도 좋은 인상을 줄 수 있고, 또 신뢰성 있는 모습을 보여주는 계기가 되기도 한다.

나는 이번이 직장을 처음 그만둔 게 아니다. 박사과정에 들어가기 전에 직장이 있었고, 또 박사 수료 후 대학으로 오기 전에 연구소 같은 곳에도 있었다. 사표는 몇 번 내봤다. 그리고 그동안 사표를 낸 다음에 일을 하기 싫어한다거나, 일을 제대로 처리하지 못한다거나 하는 일은 없었다.

그런데 이번에는 달랐다. 학교 업무가 점점 하기 싫어진다. 의욕이 팍 떨어지고 능률도 나지 않는다. 일을 하지 않았으면 좋겠다. 이대로 가다가는 정말 업무에서 실수를 할 것 같다. 학과장이 업무에 구멍을 내면 나 자신의 문제가 아니라 학과의 문제가 된다. 그래서 누락되는 일 없이 어떻게든 처리하긴 하지만 정말 하기 싫다.

스스로에게 묻는다. 왜 이렇게 일을 하기가 싫을까? 회사를 그만두기로 하면 회사 업무에 대한 의욕이 떨어지기는 하지만 그래도 전에는 이 정도는 아니었다. 지금은 왜 이렇게 일하기가 싫을까?

다른 거였다. 직장을 옮기는 것과 직장 생활을 완전히 그만두는 건 다른 거였다. 직장을 옮길 때는 회사는 달라지지만 그래도 자기 업무 분야에서 완전히 떠나는 건 아니다. 회사를 옮겨도 지금 직장 사람들하고는 계속해서 인연이 이어질 수 있다. 다른 회사에서 다시 만날 수도 있는 사람들이고, 나중에 업무 관련해서 뭔가 부탁할 일이 생길지도 모른다.

또 나중에 다시 이직하려 할 때 헤드헌터가 전에 다니던 직장에 나의 평판을 물어볼 수 있다. 지금 개판을 치고 나가면 나중에 나의 평판 조사에도 크게 영향을 미친다. 자기가 맡은 일은 끝까지 책임을 져야 한다. 무엇보다 업계의 인맥은 넓지 않다. 한두 다리 건너면 그 사람이 어떤 사람인지 알 수 있다. 지금 하는 일을 제대로 하는 게 나에게도 유리하다.

내가 이전에 직장을 그만두고 옮길 때는 옮긴다고 해보았자 학계 연구직 사이에서 옮긴 것이다. 회사의 연구직에서 박사과정으로, 연구소로, 학교로 이동했다. 20년도 더 전에 본 사람들이지만 지금도 그때 사람들을 계속 알고 있다. 만날 일은 없더라도 어디서 뭘 하는지는 안다. 직장을 그만두어도 인맥은 계속 유지된다. 직장을 그만둔다고 해서 개판을 칠 수는 없다.

그런데 지금은 다르다. 난 지금 직장을 옮기는 게 아니다. 완전히 은퇴하는 것이다. 난 지금 학교를 그만두면 다시는 학교에 취업할 수 없고, 연구소 등에도 들어가지 못한다.

내가 직장을 옮기는 거라면 내 평판을 좋게 유지하는 게 중요할 수 있다. 하지만 이 분야에서 완전히 떠나는 거라면 평판이 좋아야 할 이유가 없다. 나를 어떻게 평가하든 나에게 악영향을 미칠 수도 없고 좋은 영향을 끼칠 수도 없다. 그러니 지금 내가 평판을 유지하기 위해 열심히 제대로 일할 필요는 없다.

내가 '난 완전히 은퇴하는 것이니 더 이상 평판에 신경 쓰지 않아도 되네. 일을 안 해도 되겠구나'라는 생각에서 일하기 싫어한 것은 아니다. 그건 생각해보지 않았다. 내가 먼저 느낀 건 굉장히 일하기 싫다는 거였다. '왜 이렇게 일하기가 싫을까'라고 생각해보니 이런 이유인 거 같았다.

이걸 스스로 느끼게 되니, 이미 그만두기로 한 직장에 오래 있으면 안 되겠다는 생각이 들었다. 나 자신도 문제지만, 직장도 문제다. 이렇게 일하기 싫어하는 직원을 데리고 있으면 알게 모르게 회사에도 피해가 간다. 직장을 그만두기로 하면 빨리 내보내는 게 맞는 거였다. 그 직원이 다른 회사에 가기는 하지만 계속 그 분야에 있으면서 앞으로도 계속 만날 일이 있다면 또 모르겠다. 하지만 그 분야에서 완전히 나가는 거라면 될 수 있는 대로 빨리 내보내는 게 나은 거였다.

머릿속은 어떻게 움직이든 겉으로 보는 생활은 똑같다. 강의는 계속 진행되었고, 6월이 되어 1학기 수업이 끝나고 성적 처리까지 끝났다. 학과장직은 7월에 변경되어 다른 교수님이 맡았다. 7월 이후 학교는 2학기 준비에 들어간다. 2학기 수업 과목, 강의계획서, 강사 배정, 시간표 작성 등의 업무가 시작된다. 난 2학기부터는 강의를 안 한다. 7월이 넘어가면서 실제로 업무에서 열외가 된다.

학교를 그만두는 데 한 가지 걸리는 게 있었다. 모든 교수는 학교 자기 연구실에 한가득 책을 가지고 있다. 학교를 그만두면 이 책들을 모두 옮겨야 한다. 그런데 어디로 옮기나? 집으로 가져가기에는 너무 많다. 연구실을 가득 채운 책은 집으로 가면 방 한두 개를 완전히 점령해야 한다. 그리고 사실 교수는 집에도 이미 책들이 쌓여 있다. 연구실 책을 옮길 만한 공간이 없다. 정년 퇴직하는 교수들의 고민인데, 나는 이때 그 고민을 하게 된다.

알아보니 많은 교수들은 정년퇴직해서 방을 비워야 할 때 책들을 버린다고 한다. 책을 둘 공간이 없으니 버릴 수밖에 없다. 어떤 교수들은 컨테이너를 빌려 책들을 넣는다. 컨테이너에 넣으면 다시 열어보기 힘들지만 차마 버릴 수 없어서 그렇게 한다. 금전적으로 여유가 있으면 따로 연구실을 만든다. 오피스텔 등을 빌려서 책들을 넣고 자기 연구실로 사용한다. 퇴직 후 이렇게 자기 연구실을 만드는 건 많은 교수들의 희망사항이기는 하지만 쉽지 않다. 교수의 월급, 연금으로 따로 연구실을 만드는 건 어렵다. 많은 교수가 정년이 돼서 사무실을 비워야 할 때 대부분의 책을 버리게 되는 이유다.

다행히 나는 연구실을 따로 만들어도 되는 여유가 있다. 책들을 보관할 개인 연구소를 만들기로 했다. 7월 말부터 이사 준비에 들어갔다. 새로운 사무실을 얻고, 이삿짐센터를 불러 견적도

낸다. 다른 게 아니고 책들이 옮겨지는 것이니, 새로운 사무실에 책장도 짜 맞춘다. 나는 책이 많다. 1만 권은 분명히 넘는 책들이 옮겨지니 책장 맞추는 값, 이사비도 상당히 많이 든다.

8월 말, 이사를 했다. 학교 연구실을 정리하고, 새로운 연구소에서 책들을 정리한다. 다른 곳에 보관하던 책까지 같이 가져오니 2만 권은 되는 것 같다. 그 책들을 정리하다 보니 시간이 다 간다. 학교를 그만두기 전 한 달의 시간은 이런 것들을 정리하느라 다 보냈다.

그리고 8월 31일이 된다. 학교 사무실 열쇠를 반납하고, 인사를 하고 학교를 나선다. 이렇게 나의 직장 생활, 17년간의 교수 생활은 마무리된다.

2장

파이어족이 되고 나서 알게 된
소소한 것들

퇴직금 1억 6,000만 원을 받고 나서 알게 된 것

학교를 그만두고 퇴직금을 신청했다. 사립대학은 일반 회사와 시스템이 조금 다르다. 퇴직금, 연금 등을 사학연금공단에서 관리한다. 국공립 대학 교직원은 공무원이라서 공무원연금공단에서 관리한다. 사립대학 등의 교직원은 공무원이 아니라 공무원 연금 대상은 아니다. 따로 사학연금공단을 두어 여기에서 퇴직금, 연금 등을 처리한다. 공무원연금과 사학연금이 따로 굴러가기는 하지만 그 내부 구조는 같다. 연금 내는 금액, 받는 금액 등은 공무원과 똑같은데 사립 교직원들에 대해서는 사학연금공단을 따로 두어 운영한다고 보면 된다.

퇴직금이 얼마 나오나 알아보니 1억 6,000만 원이다. 정식 교수 생활을 15년 했고, 군대 2년이 더해지니 17년이다. 교수가 되고 나서 군대 2년 기간에 해당하는 연금액을 납부했기에 17년에 해당하는 퇴직금이다.

이 퇴직금 액수를 알고 나서 사람들이 직장을 그만둔 후 왜 치킨집을 차리는지 알게 된다. 이 정도 금액을 퇴직금으로 받으면 딱 치킨집 차리면 맞는 돈이다.

그동안 좀 의심스러웠다. 직장을 다니면 그 분야에서 최고 전문가다. 1, 2년 하고 그만두는 게 아니라 10년, 20년 동안 일을 하면 그야말로 그 분야 최고 전문가다. 이런 사람들이 정년 전에 퇴직을 하면 자기 지식을 살려 그 분야에 창업을 하면 된다. 엔지니어는 엔지니어 회사를 세우고, 건축 분야에서 일한 사람들은 건축 회사를 세우고, 마케팅 업무를 하던 사람들은 마케팅 회사를 차리면 된다. 자격증이 있어야 창업이 가능한 분야는 좀 다르다. 세무사, 회계사, 변호사, 관세사, 노무사 등 전문 자격증이 있어야 되는 분야는 아무리 실무 경력이 많아도 이런 자격증이 없으면 창업이 어렵다. 하지만 대부분의 경우는 회사에서 일한 전문성을 바탕으로 자기 회사를 차릴 수 있다.

17년간 다녀서 퇴직금 1억 6,000만 원. 이 금액을 보고 사람들이 왜 자기 전문 분야의 회사를 만들 수 없는지 알게 된다. 이 돈으로는 자기 전문 분야 회사를 만들기에 턱없이 부족하다.

마케팅 업무를 20년간 해온 사람이 마케팅 회사를 만든다고 하자. 지식도 있고 인맥도 있다. 마케팅 회사를 제대로 만들어서 운영하려면 직원을 못해도 몇 명은 고용해야 한다. 그냥 혼자 할 수 있는 일이 있고, 팀으로 해야 하는 일이 있다. 팀으로 해야 하는 업무는 몇 명은 고용해야 한다. 1억 6,000만 원 자본금으로 몇 명을 고용하면 1년도 안 돼서 자본금이 동이 난다. 이런 분야에서 창업 후 1년 이내에 손익분기점을 넘기기는 어렵다. 이 자본금으로 창업하는 건 그냥 돈 버리는 일이다.

그동안 저금을 많이 해서 별도 금액이 있다면 좀 달라질 수 있다. 그런데 최근 경제 상황, 가계 수입 상황에서 저축을 많이 하기는 힘들다. 빚이 따로 있지나 않으면 다행이다. 설사 저축을 한다고 해도 한 달에 100만 원을 계속 저축해야 1년에 1,200만 원, 10년에 1억 2,000만 원이란 돈이 만들어진다. 그러면 퇴직금을 합하면 자본금이 2~3억 원 정도 되는데 이 금액으로도 역시 자기 전문 분야에 창업하기는 불안하다. 한국에는 전문적인 회사의 경우 인력을 몇 명 이상 써야 하고, 사무실 면적은 일정 수준 이상이어야 한다는 등의 규제가 많다. 이 정도 자본금으로는 제대로 된 인력을 고용할 수도 없고, 오래 버틸 수 있는 힘도 없다. 전문가는 분명 전문가인데, 자기 분야에서 창업할 수 있는 자본이 부족한 것이다.

퇴직금 1억 6,000만 원을 받고 나니 여러 생각이 든다. 만약 내가 파이어족이 된 게 아니라 그냥 회사를 퇴직한 거라면 난 이제부터 뭘 할 수 있을까? 연금은 65세부터 나온다. 그때까지 이 돈으로 잘 아껴서 산다? 연금이 나올 때까지 앞으로 13년 남왔다. 1억 6,000만 원으로 그 기간을 버티려면 1년에 1,200만 원 정도씩 써야 한다. 한 달에 100만 원씩만 쓸 수 있다는 뜻이다. 1인이 아니고 가족이 쓸 수 있는 돈이다. 즉 사회 최저 빈곤층이 된다는 의미다. 그리고 65세부터 연금을 받는다 해도 사정이 달라지는 건 아니다. 나의 경우에는 65세부터 월 100만 원 정도씩 나오게 돼 있다. 65세 이후에도 최저 빈곤층이다. 직장 생활 17년을 했어도 직장을 그만두는 순간 평생 최저 빈곤층이 된다는 뜻이다.

그럴 수는 없지 않나. 어떻게든 지금 있는 퇴직금 1억 6,000만 원으로 뭔가를 해서 돈을 벌어야 한다. 근데 이 돈으로 뭘 할 수 있을까? 딱 떠오르는 것이 치킨집, 아니면 편의점이었다.

나는 학계에서 20년을 보냈다. 그동안 계속 논문, 프로젝트를 한 전문 연구자다. 그럼 연구원을 만들면 되지 않을까? 안 된다. 일단 논문은 아무리 히트 논문을 써도 단돈 1원도 안 나온다. 프로젝트는 가능하지만 이건 혼자서는 못 한다. 공동 연구원들이 몇 명은 있어야 한다. 무엇보다 내 분야는 1년에 수주할 수 있는 프로젝트가 몇 개 나오지도 않고, 나온다 해도 작은 규모뿐이다. 용돈 벌이는 할 수 있지만 연구원들의 생활비를 제대로 벌수 있는 분야는 아니다.

내 분야의 전문 연구소는 차려도 제대로 수입이 나기 어렵다. 그럼 식당을 할까? 나는 음식을 할 줄 모르지만, 주방장을 고용하고 종업원을 고용하면 가능하지 않겠나? 그러나 1억 6,000만 원은 제대로 된 음식점을 차리기에 턱없이 부족하다. 동네 작은 음식점을 해야 하고, 나도 음식을 만들 수 있어야 하는데, 내가 음식을 제대로 만들 수 있을 리가 없다.

전문 지식이 없어도 내가 쉽게 할 수 있고, 또 적은 금액으로 할 수 있는 분야. 그게 바로 치킨집이었다. 닭 튀기는 건 그래도 할 수 있지 않겠나. 그리고 편의점도 특별한 전문 지식 없이 할 수 있는 분야였다. 그런데 편의점은 위치도 좋아야 하고 규모도 어느 정도는 필요하다. 좋은 장소는 1억 가지고는 힘들다. 역시 치킨집이 가장 만만했다.

커피점은? 커피도 만들 수는 있을 거 같은데, 커피점은 편의점보다도 위치가 좋아야 하고 면적도 더 넓어야 한다. 그런데 이런 곳은 임대료가 엄청 비싸다. 서울에서 멀어 부동산 가격이 싼 지역이라면 모를까, 서울에서는 1억 몇천 가지고는 뛰어들 수 없는 업종이다.

서울에서는 자영업을 하더라도 돈이 많이 든다. 프랜차이즈 세탁소를 차리는 것도 1억 가지고는 어림도 없다. 서울 도로변의 수많은 자영업자가 굉장히 존경스러워지는 순간이었다. 존경스러운 마음이 들면서도 한편으로는 다른 생각도 들었다. 불쌍한 자영업자, 형편이 어려운 자영업자 등등으로 언론이 떠들고 자영업자를 도와야 한다는 말들을 많이 한다. 자영업자를 돕기 위한 여러 지원책이 마련되기도 한다. 그런데 웬걸. 자영업자는 상대적으로 괜찮은 사람들이었다. 직장 다니다 그만둔 사람, 퇴직금만 받고 나온 사람들은 그런 자영업을 시작하기도 힘들다. 내 손에 쥔 1억 6,000만 원 가지고 할 수 있는 자영업은 치킨집 외에는 보이지 않았다. 누군가를 돕는다면 자영업자보다는 정년 전에 퇴직한 직장인을 도와야 하는 게 아닐까. 중도 퇴직한 직장인이 자영업자보다 훨씬 더 사회적 약자였다.

어쨌든 왜 한국에서 치킨집이 엄청나게 많고 또 계속 늘어나는지 알게 된다. 치킨집은 자금 여유가 없는 사람들에게 가장 쉽게 뛰어들 수 있는 선택지였다. 그리고 또 알게 된다. 내가 지금 파이어족이 된 게 아니라 중도 퇴직당한 거였다면, 그리고 투자라는 별도의 수입원이 없었더라면 퇴직한 내가 지금 할 수 있는 건 치킨집밖에 없었겠구나. 서울대 나오고 박사 학위 따고 교수까지 했지만, 지금 내가 돈벌이로 새로 시작할 수 있는 건 치킨집뿐이었겠구나. 17년 교수를 하고 내 손에 쥐어진 1억 6,000만 원을 보고 나서 내가 한 생각이다.

미처 몰랐던 국민연금과 건강보험의 또 다른 얼굴

회사를 그만두면 당장 바뀌는 게 무얼까? 다른 무엇보다 변했다는 걸 바로 느낄 수 있는 건 무얼까? 연금과 건강보험이다. 특히 건강보험이 당장 내가 직장을 그만두었다는 걸 확실히 느끼게 한다. 좋은 쪽이 아니라 나쁜 쪽으로다.

우선 연금 문제다. 난 학교에 있었기에 국민연금이 아니라 사학연금이다. 사학연금은 공무원연금과 같은 구조로 운영된다. 공무원·사학연금과 국민연금의 가장 큰 차이는 퇴직금 관련이다. 국민연금은 회사에서 받는 퇴직금과 관계없이 연금이 지급된다. 퇴직금도 받고, 연금도 받는다. 하지만 공무원·사학연금은 다르다. 퇴직금이냐 연금이냐를 선택해야 한다. 지금 퇴직금을 받으면 나중에 연금은 없다. 65세 넘어 연금을 받으려면 지금 퇴직금을 포기해야 한다.

앞에서 내 퇴직금은 1억 6,000만 원이라고 했다. 지금 1억 6,000만 원을 받으면 65세 이후 연금은 없다. 연금을 받으려면, 퇴직금을 받으면 안 된다. 공무원연금에서 주는 연금은 국민연금에서 주는 연금액보다 더 많다. 그런데 이건 공무원을 더 우대해서가 아니다. 퇴직금을 받지 않는 대신 연금을 더 주는 것이다. 실질 수익률은 국민연금이나 공무원연금이나 별 차이 없다.

퇴직을 하면서 퇴직금이냐 연금이냐를 선택해야 한다. 퇴직금을 받으면 지금 1억 6,000만 원을 받는다. 그런데 앞에서 말한 것처럼 이 돈으로는 치킨집 차리는 것 말고는 답이 없다. 퇴직 이후의 삶을 준비하기에는 턱없이 부족하다. 그러면 연금을 받으면 어떻게 될까? 내가 연금을 선택하면 65세 이후에 월 100만 원 정도가 나온다. 기본은 65세부터 월 100만 원 정도이지만, 더 빨리 받고 싶으면 60세부터도 받을 수 있다. 대신 액수가 준다. 60세부터면 월 70만 원 정도씩 받게 된다.

내가 연금이 대강 이 정도라는 걸 이전에는 몰랐느냐 하면 그건 아니다. 나도 나름대로 정책을 전공으로 하는 사람이다. 정확한 금액은 아니더라도 대강의 금액은 안다. 그런데 그냥 숫자로 대하는 연금액과 내가 정말로 퇴직하고 받게 되는 연금액은 느낌이 다르다. 숫자로 대하는 연금액은 그런가 보다 했다. 하지만 내가 정말로 실제 받게 되는 연금액 앞에서는? 이건 경제적 파탄이다. 굶어 죽지는 않을 것이다. 하지만 연금으로는 절대 직장인이었을 때의 생활수준을 유지할 수 없다. 생활수준이 수직으로 떨어진다.

정년 전에 열심히 일하고, 정년 이후에는 연금을 받으며 편안하게 노후를 보낸다. 이게 사람들이 보통 생각하는 노후이고 국민연금 정책의 비전이다. 그런데 이 금액으로 편안한 노후가 보장될 리 없다. 월 100만 원으로 무슨 편안한 노후가 되겠나? 정년까지 일해도 국내 여행 한번 맘 편히 다녀올 수 없다. 정년 기념으로 국내 여행 가서 몇십만 원을 써버리면 당장 그달부터 몇 끼 굶어야 한다. 정년 전에 열심히 일하고, 정년 이후에는 굶어 죽지 않을 만큼 연명만 하고 사는 삶. 그게 실제 대부분 사람의 삶이 된다.

난 파이어족으로 직장을 그만뒀다. 그래서 좀 다르게 굴러갈 것이다. 하지만 내가 파이어족으로서가 아니라 다른 사정으로 그만두는 것이라면? 월급은 더 이상 나오지 않는데, 나이 65세가 되어야만 연금이 나온다면? 그리고 그 연금도 월 100만 원 수준이라면? 그럼 난 65세까지 앞으로 남은 13년 동안 뭘 어떻게 하며 살아야 할까? 퇴직금이라도 있으면 치킨집이라도 차릴 수 있지만, 연금을 선택하면 퇴직금도 없다. 퇴직금을 선택하면 치킨집은 할 수 있겠지만, 그러면 나이 70, 80, 90이 되어도 치킨집을 해야 한다. 정말이다. 직장을 그만두면 파멸이다. 모아둔 목돈 없이 직장을 그만두면 큰일 난다.

현대자동차 등 대기업 노조에서 정년을 65세까지 늘려달라는 것도 이해가 된다. 이런 곳의 근로자 정년은 보통 60세다. 60세에 정년으로 회사를 나온다. 그런데 연금은 65세부터 나온다. 그럼 그사이 5년은 어떻게 살아가나. 65세부터 받는 연금을 60세로 당길 수는 있는데 그럼 받는 금액이 확 줄어든다. 어쨌든 지금 생활수준을 유지할 수 없다는 건 분명한 사실이다. 이건 정의, 공정 등의 추상적인 이야기가 아니다. 당장 내 생활의 실질적 문제다. 사회에서 뭐라고 하는 최소한 65세까지, 원래 받기로 한 연금을 받을 때까지만이라도 직장을 다니면서 월급을 제대로 받아야 한다.

그런데 현실적으로 많은 사람이 60세 한참 전에 회사를 그만둔다. 연금은 65세부터 나온다. 그리고 그 연금은 현재 생활수준을 유지하기에 턱없이 부족하다. 직장을 그만둔 다음에 연금이 나오기 전까지 어떻게 살아야 하는가. 이것은 이 나이대가 된 거의 모든 사람의 고민이 될 수밖에 없다.

어쨌든 난 연금은 포기하고 일시불을 택했다. 투자자 입장에서 1억 6,000만 원이 13년 동안 그냥 잠자는 건 볼 수 없다. 난 연금이 없다. 지금 있는 돈으로 죽을 때까지 계속 유지하면서 살아가야 한다. 이 돈 관리를 제대로 못 하면 나이 들어서 연금도 못 받고 정말 큰일 난다. 조금 부담이 온다.

건강보험도 문제다. 회사를 그만두면 바로 직장건강보험에서 지역건강보험으로 넘어간다. 문제는 지역건강보험으로 넘어가면서 보험료가 훨씬 늘어난다는 점이다. 직장이 없어지면 소득도 없어진다. 그런데 건강보험료는 늘어난다. 소득이 0이 되는데 건강보험료는 급증하다니, 이걸 누가 순순히 받아들일 수 있을까.

나는 따로 목돈이 생겨 회사를 그만둔 것이라서 이 늘어난 건강보험료가 큰 문제가 아니긴 하다. 그런데 난 지금 '내가 만약 파이어족으로 그만둔 게 아니었다면', '다른 이유로 직장을 그만둔 것이었다면'을 계속 생각하고 있다. 직장을 타의로 그만두면 절망에 빠져 앞날을 걱정하고 있을 것이다. 자의로 그만둔 것이라 해도 앞으로 어떻게 돈을 벌지, 어떻게 살아갈지에 대해 불안해할 것이다. 정년으로 그만두었다 해도 아쉬움이 많다. 어쨌든 직장을 그만두고 나서는 누구나 다 고민이고 걱정이다. 그런데 그 상태에 건강보험료 고지서가 날아온다. 이전에 내던 금액보다 훨씬 더 많은 금액으로.

건강보험료가 늘어나지 않을 수는 있다. 집도 차도 없으면 건강보험료가 늘지 않을 수 있다. 그런데 그동안 직장을 다닌 사람 중에서 집은 몰라도 차도 없는 집이 얼마나 되나. 직장에서 쫓겨나 우울해하고 있는데 급증한 건강보험 고지서가 배달된다. 이게 대부분 직장인의 현실일 것이다.

지역건강보험이 직장건강보험보다 더 비싸다는 건 대부분 알고 있는 사실 아닌가? 이미 알고 있었는데 더 늘어난 지역건강보험 고지서를 보고 특별히 기분 나쁠 일은 없지 않나? 물론 알고는 있었다. 그런데 지식으로 아는 것과 내가 직접 액수가 늘어난 건강보험 고지서를 받아보는 것은 다른 거였다. 막상 고지서를 받아보면 기분이 되게 안 좋다. 나는 기분은 나쁘지만 어쨌든 이 늘어난 금액이 큰 부담은 아니었다. 하지만 직장을 그만두면서 실의에 잠긴 사람들, 남아 있는 한정된 돈으로 앞으로 어떻게 절약하며 미래를 살아가나를 고민하는 사람들에게는 다를 것이다. 늘어난 건강보험료는 충격으로 다가올 것이다.

파이어족이 되면 바로 뭘 할까 계속 생각했다. 정식으로 회사를 그만두면 일단 여행부터 벼나사고 생각했었다. 하지만 바로 여행을 갈 정신적 여유는 없었다. 파이어족이 되고 나서 처음 고민하고 처리한 것은 연금 건이었다. 퇴직금을 일시불로 받을 것인지, 아니면 나중에 연금으로 받을 것인지를 정해야 했다. 그리고 처음 날아온 지역가입자 건강보험료에 기분 나빠했다. 파이어족으로서의 첫 출발은 여기서 시작했다.

마이너스 통장과 신용카드로 알게 된
한국 금융기관들의 문제점

나는 2023년 가을에 이 글을 쓰고 있다. 학교를 그만둔 지 2년이 넘은 시점이다. 지금 그 당시를 돌아보며, 그때 나에게 인상 깊게 일어났던 일, 아니면 당시 내가 생각했던 것을 쓰고 있다. 그때 나에게 발생한 일 중 가장 이해하기 힘들면서도 영향이 컸던 일은 무얼까? 그건 직장을 그만두면서 은행 마이너스 통장 한도가 팍 줄게 된 일이다. 굉장히 짜증이 났던 건이었다.

마이너스 통장은 보통 1년에 한 번, 아니면 2년에 한 번 계약 기간을 연장한다. 특별한 문제가 없으면 마이너스 통장은 계속 연장되는 것으로 알았다. 그런데 아니었다. 2021년 9월, 나는 나의 마이너스 통장이 더 이상 연장되지 않는다는 통보를 받았다.

아마 9월 말, 10월 초가 재연장 계약 기간이었던 것 같다. 기간 만기가 되었기에 연장 절차를 거치는데, 거기서 내 마이너스 통장의 재연장이 불가능하다고 했다. 지금까지 나는 교수였다. 소득이 확실했고 해고당할 일이 별로 없는 안정적인 직장이다. 그래서 아무 문제 없이 계속 연장이 되었다. 하지만 이제는 교수가 아니다. 직장이 없는 백수다. 그래서 마이너스 통장 연장이 안 된다고 한다. 내 마이너스 통장의 한도는 8,000만 원이었다. 그리고 내 계좌는 보통 마이너스 5,000~6,000만 원 정도였다. 한도가 8,000만 원인데 한도 가까이 마이너스를 할 수는 없다. 좀 여유를 두어 마이너스 5,000~6,000만 원 정도를 유지하고 있었다. 그런데 더 이상 마이너스 통장 연장이 안 된다고 한다. 즉 마이너스 6,000만 원을 모두 갚으라는 이야기다. 9월 말인가 마이너스 통장 만기일 이전에 그 돈을 모두 채워 넣으란다.

내가 이해하기 어려웠던 건 내가 경제적으로 조금이라도 나빠진 게 아닌데 오히려 돈을 갚으라고 요구한다는 점이었다. 직장을 그만두면서 경제적으로 어려워지는 게 아니다. 월급과 상관없이 살아갈 수 있기 때문에 직장을 그만둔 것이다. 즉 이전보다 경제적 상태가 훨씬 나아졌다. 당장 주식 계좌에 들어 있는 금액만 봐도 마이너스 통장의 빚은 충분히 갚을 수 있지 않나. 하지만 나의 재산 상태가 어떤가는 상관이 없다. 교수를 그만두었으니 마이너스 통장을 줄 수 없단다.

한국 금융기관은 상대방의 신용을 평가해서 대출을 해주는 게 아니라 담보가 있느냐 없느냐만 가지고 대출해주는 게 문제라고 하는데, 그걸 확실하게 알겠다. 은행은 내 재산 상황을 파악하고 대출 상환 능력이 있나 없나를 판단하는 게 아니다. 그냥 교수인가 아닌가, 직장이 있나 없나만을 가지고 판단한다. 재산이 하나도 없어도 교수이면 대출을 해주고, 재산이 많아도 교수가 아니면 대출을 안 해준다. '얘네들 바보 아냐?'라는 생각을 했다.

갚으라고 하니 갚아야 한다. 그런데 6,000만 원이란 돈을 어떻게 융통하나. 갚을 돈이 없었던 건 아니다. 하지만 나도 자금계획이란 게 있다. 그동안 학교를 그만두면서 어디에 얼마나 돈을 쓸 것인지, 그 돈을 어떻게 마련할 것인지에 대해 생각해왔다. 먼저 어떤 주식을 팔지, 어떤 자산을 먼저 처분해서 사용할지 등에 대해 계획을 마련했다. 그런데 그렇게 자금계획을 짜면서 마이너스 통장이 더 이상 연장 안 될 가능성은 전혀 고려하지 않았다. 마이너스 통장을 만든 지 10년이 넘었고 그사이 아무 문제 없이 그 통장을 사용해왔다. 직장을 그만두는 순간 마이너스 통장이 더 이상 연장 안 될 거라는 건 정말 예상하지 못했다.

퇴직금으로 받은 1억 6,000만 원을 이러저러하게 써야지 하고 계획한 게 있었다. 하지만 마이너스 통장 갚는 게 우선이다. 퇴직금의 3분의 1이 마이너스 통장 대출을 갚는 데 들어갔다.

그래도 다행인 것은, 은행에서 나의 신용도 등을 고려해서 마이너스 통장을 완전히 폐쇄하지는 않았다는 점이다. 대출 한도는 대폭 줄였지만 어쨌든 마이너스 통장은 유지시켜주었다. 여기서 신용도는 내 재산을 고려한 신용도가 아니다. 카드 결제, 자동이체 등으로 통장을 사용한 거래 금액이 굉장히 많았기 때문에 발생한 신용도다. 난 이 은행 통장을 20년이 넘게 계속 사용하고 있는 우수고객이었고, 은행에서 선정하는 프리미엄 고객 어쩌고에 해당되었다. 하지만 우수고객이고 거래를 20년 동안 아무 문제 없이 했더라도 별 소용 없다. 암만 그래봤자 직장을 그만두는 순간 마이너스 통장을 당장 갚으라는 말이 나온다.

나는 계속 '내가 파이어족으로 직장을 그만둔 게 아니라 다른 이유로 직장을 그만둔 거였다면'을 생각한다. 그 시나리오에서 퇴직자에게 가장 큰 문제로 다가오는 건 바로 이것 같다. 직장을 그만두면서 앞으로 어떻게 살 것인지를 고민한다. 퇴직금을 가지고 어떻게 살아갈 것인지, 이 돈으로 어떻게 추후 수입을 얻을 것인지를 고민할 것이다. 그런데 이때 마이너스 통장이 더 이상 연장될 수 없다고 하면 어떻게 될까? 자금계획이 다 망가진다. 사실 나조차도 6,000만 원을 당장 갚으라는 통지는 당황스러웠다. 만약 내가 퇴직금 1억 6,000만 원밖에 없는 상태에서 6,000만 원을 갚으라고 한다면? 이러면 앞으로의 계획은 모두 틀어진다. 치킨집을 차리는 것도 어렵게 된다. 퇴직금을 목돈으로 받지 못한다면 그냥 신용불량자가 돼버릴 수밖에 없다. 퇴직은 바로 파산 위험에 노출시킨다. 나도 그동안 모르고 있었는데, 마이너스 통장을 이용할 때 꼭 알아두어야 할 사항이었다.

마이너스 통장 한도가 대폭 감소된 것 이외에 다른 건도 있다. 프리미엄급 신용카드가 더 이상 발급이 안 된다. 난 그동안 프리미엄급 신용카드를 쓰고 있었다. 이 신용카드는 외국 가는 비행기 표를 구입할 때 동반자 비행기표가 나오는 서비스가 있었다. 대신 연회비는 비쌌다. 카드 회사에서는 이 카드는 아무한 테나 발급되지 않는다는 걸 마케팅하곤 했다.

교수를 그만두고 난 후 카드 만기일이 되었다. 만기가 되었으니 연장을 해서 새로운 카드를 발급받아야 한다. 그런데 카드가 만기 연장이 되지 않았다. 만기가 끝나자 그냥 해지되었다. 이 프리미엄 카드는 아무한테나 발급되지 않으니, 교수는 발급받을 수 있지만 파이어족 백수는 발급받을 수 없다. 난 이 카드를 15년 동안 써왔다. 카드 유효 기간이 5년이니 그동안 3번 연장되었다. 그런데 이번에는 연장이 안 된다. 15년 동안 써오던 카드가 더 이상 쓸 수 없는 카드가 되어버렸다. 사용을 거의 안 한 것도 아니다. 1년에 몇천만 원씩 긁었던 카드다. 그런데 소용이 없다. 그동안의 실적, 사용량보다는 교수인가 아닌가가 중요했다.

금융계라는 곳이 참 믿을 수 없는 분야였다. 다른 분야였으면 10년 이상 동안 아무 문제 없이 해왔다면 계속해서 사용할 수 있게 했을 거다. 거래가 많아 수수료도 그동안 많이 냈고, 우수 고객이라고 치켜세우기까지 했으니 다른 분야라면 오히려 서비스를 더 주려고 했을 거다. 그런데 금융계는 확실히 선을 그었다. 교수를 그만두고 난 후 이렇게 확실하게 선을 그은 것은 금융계밖에 없다.

내가 직장을 그만두면서 앞으로 살아갈 일이 막막하고 자금 상으로 큰 문제에 빠지게 된 거라면 그래도 이해를 한다. 그렇다면 대출금을 받지 못할까 봐, 신용카드 대금을 받지 못할까 봐 서비스를 중단할 수도 있겠지. 하지만 지금은 그런 게 아니지 않은가. 자금상으로는 전보다 훨씬 더 나아졌는데, 그럼에도 불구하고 금융 서비스는 종료되었다. 우리나라 금융회사들은 상대방의 자금력보다 상대가 얼마나 좋은 직장에 다니는가를 기반으로 움직이고 있다고밖에 생각할 수 없었다. 그런데 다른 곳은 몰라도 금융 분야는 철저히 자금력과 돈을 갚는 신용을 기반으로 움직여야 하는 곳 아닌가. 한국 금융계의 경쟁력에 대해 다시 한번 생각하게 하는 일들이었다.

교수님? 소장님? 박사님?
호칭 문제는 생각보다 복잡했다

교수직을 그만두고 나서 더 이상은 교수가 아니게 되었다. 교수가 아니게 되니까 이전에는 별로 신경 쓰지 않았던 사소한 한 가지가 문제가 된다. 내게 문제가 된 게 아니라 주변 다른 사람들에게 문제가 되었다. 주변 사람들은 그동안 나를 '최 교수', '교수님'이라고 불러왔다. 그런데 이제는 뭐라고 불러야 하나? 호칭을 어떻게 하는가는 별로 중요한 문제가 아니라고 생각해왔다. 하지만 이는 상당히 민감한 문제였다. 내가 그동안 생각해왔던 것보다 훨씬 민감하게 작용했다.

우선 가족과 친구 사이에는 별문제가 아니다. 이들에게 난 그냥 이름으로 불렸다. 교수를 그만두기 전이나 후나 달라질 것도 없다.

또 새로 만나서 알게 된 사람에게도 큰 문제가 아니었다. 난 학교를 그만두면서 개인 연구소를 하나 만들었다. 그냥 백수로 있기는 그래서 연구소 사무실을 만들었다. 연구소를 만들고 책임자 자리에 있으니 명칭이 연구소장이 된다. 연구소장 명함을 들고 다니고 있고, 그래서 새로 만나는 사람들은 나를 소장이라고 부른다. 내가 이전에 교수였다는 것을 모르고 현재 연구소장이라는 것만 아는 사람들에게 나는 소장이다.

문제는 교수였을 때 알고 지낸 사람들이다. 내가 아는 대부분의 사람이 여기에 속한다. 대학원 석사를 같이 다닌 사람들, 박사과정을 같이 다닌 사람들, 박사 학위를 받고 난 이후에 교수 생활을 하면서 알게 된 사람들이 있다. 프로젝트를 할 때는 프로젝트 주제에 따라 교수, 박사들이 서로 만나서 같이 일을 한다. 프로젝트가 시작되면 모였다가 끝나면 헤어진다. 그러다 나중에 비슷한 주제의 프로젝트가 또 시작되면 다시 만난다. 그런 식으로 서로 아는 교수, 박사들이 많다. 나는 전공이 행정·정책이다 보니 프로젝트를 발주하는 주체가 대부분 정부 부처이거나 공공기관이다. 발주처인 공무원이나 공공기관 직원들과도 계속 만나게 된다.

또 연구를 같이 하는 교수들, 학회에서 만나는 교수, 연구자들이 있다. 논문을 쓰면서 공저자를 같이 한 교수, 박사들도 많이 있다. 무엇보다 학회에서 만나서 알게 되는 사람들도 많다. 특별히 같이 일을 하지 않더라도, 매년 학회에 참석하다 보면 아는 얼굴이 생긴다. 학회에서 같은 세션에서 발표, 토론을 하게 되면 어쨌든 서로 인사를 하게 된다. 학회는 1년에 수차례 진행되고, 또 참석하는 사람은 해마다 참석한다. 친하지 않더라도 몇 년에 한 번이나마 같은 세션에서 발표자, 토론자로 몇 번 계속 만나면 서로 잘 아는 사이가 되게 마련이다.

내가 아는 대부분의 사람은 이런 학계, 연구직 사람들이다. 아주 친하지는 않지만, 그래도 계속해서 얼굴을 대해온 사람들이다. 내가 교수를 그만둔 후, 이 사람들이 가장 곤란해했다. 앞으로 나를 어떻게 불러야 할까?

그동안은 교수를 그만둔 사람을 어떻게 불렀을까? 일단 교수를 중간에 그만두는 사람이 거의 없었다. 교수를 그만두는 사람은 보통 두 가지였다. 정부 관련 부처로 가는 경우다. 이때는 장관으로 가거나, 의원이 되거나, 청와대 참모로 가거나 하는 거니 호칭도 별 고민할 게 없다. 장관님, 의원님, 실장님 등이다. 아니면 안 좋은 일에 연루되어 그만두는 경우다. 교수도 공무원 취급을 받기 때문에 징역 등의 형사처벌 선고를 받으면 당연 퇴직한다. 그런데 이렇게 불미스러운 일로 그만두는 경우는 그다음에 학회 활동이나 연구 활동을 하지 않는다. 이 세계에서 사라진다. 그러니 어떻게 불러야 하는지에 대해서도 고민스러울 게 없다. 만나지 않으니 부를 일도 없다.

그런데 난 그런 경우가 아니다. 이전에는 분명히 교수였는데 지금은 교수가 아니다. 그럼 뭐라고 불러야 할까?

"이제는 뭐라고 불러야 하지?"

이 말을 의외로 많이 들었다. 굉장히 많이 들었다. 호칭이 한국 사회에서 굉장히 중요하다는 것을 새삼스레 느낄 수 있을 정도로 많이 들었다.

미국은 그냥 어느 정도 아는 사이가 되면 이름을 불러도 된다. 그런 사이가 아니더라도 그냥 'you'라고 해도 별문제 안 된다. 하지만 한국에서 아주 친한 사이가 아닌 이상 '너'라고 부르면 큰일 난다. 이름을 부르는 것도 모욕이 된다. 일본에서는 이름 뒤에 '상'을 붙이면 된다. 이름에 상을 붙이면 충분히 상대방을 존중하는 것이 되어 호칭상 문제는 발생하지 않는다. 하지만 한국에서 이 씨, 박 씨라고 부르면 이것도 싸움 난다. 이름에 '씨'를 붙여도 마찬가지다. 지위가 있는 사람에게 철수 씨, 미애 씨라고 불렀다간 무슨 말을 들을지 모른다.

한국에서는 친하지 않은 사이, 업무상 사이, 매일 보지 않는 사이에 부를 수 있는 일반적인 호칭이 없다. 상대방을 부르긴 해야 하는데, 부를 수 있는 일반적인 호칭이 없다는 것. 이건 사람 사이의 관계를 굉장히 어렵게 만든다.

난 처음에는 그냥 이름으로 부르면 어떨까 했다. 그런데 이건 한국에서는 말도 안 되는 이야기였다. 나보다 나이가 많은 사람이건, 적은 사람이건 이름을 부르는 건 안 되는 이야기였다. 그다음에는 어쨌든 지금은 소장이니, 소장으로 부르면 되겠네 했다.

그런데 그것도 간단치 않다. 학계가 아닌 사람들에게는 교수나 소장이나 별다른 차이가 없는 호칭일지 모르겠다. 그런데 학계에서는 교수나 소장이라는 호칭에서 주는 어감이 있다. 소장은 별로 존경스러운 명칭이 아니다. 연구원의 원장은 괜찮다. 교수보다 원장이 더 높은 느낌이다. 하지만 연구소 소장은 아니다. 학계에서 연구소장은 뭔가 좀 동네 가게 사장 같은 느낌이다. 내가 어떻게 생각하든, 부르는 사람들이 소장으로 부르기를 꺼리는 경우가 많다. 나를 낮춰 부르는 느낌이 드는 것이다. 그래서 많은 사람이 나를 계속해서 교수라고 부른다. 교수를 그만두었다는 걸 익히 알고 있지만 계속 교수라고 부른다. 한국에서 한 번 국장은 계속 국장으로, 한 번 의원은 계속 의원으로 부르는 이유를 알 것 같았다. 한 번 의원이면 영원한 의원이라는 권위적인 사회라서 그렇다기보다는 다른 적당한 호칭이 없어서다. 의원이었든 아니든, 지금 그 사람을 '○○씨'라고 부르거나 '너', '당신'이라고 부를 수는 없다. 뭔가 직책을 붙여야 호칭이 되는 것이고, 그러다 보니 그만둔 후에도 계속 현직에 있을 때의 직책을 붙여서 호칭하게 되는 거였다.

내가 호칭에 대해 별 신경 안 쓰는 것처럼 말하고 있지만, 사실 나에게도 거슬리는 호칭이 있다. 나를 '박사'라고 부르는 것이다. 학계에 몸담고 있는 사람이 아니라면 박사 학위를 받은 사람을 박사라고 부르는 것은 괜찮은 거로 생각할 것이다. 오히려 '박사님'이라고 부르는 것이 존경스럽다고 보는 사람도 있을 것이다.

물론 나도 학계에 있지 않은 사람이 나를 박사라고 부르는 것에 대해서는 괜찮아한다. 그건 선의의 호칭이다.

문제는 학계에 있는 사람, 그리고 내가 교수였다는 것을 알고 있는 학계 사람이 나를 꼬박꼬박 박사라고 부르는 경우다. 외부 사람들이 보기에는 웃기는 이야기지만, 학계에서는 박사와 교수 사이에 엄청난 차이가 있다. 박사는 학위를 딴 사람이다. 박사 학위를 따고 연구원에 들어간 사람은 연구위원 등으로 부르고, 박사 학위를 따고 교수가 된 사람은 교수라고 부른다. 박사는 보통 학위는 땄지만 그 후 직장은 얻지 못한 사람, 그러니까 아직 이 분야에 들어와서 자리 잡지 못한 사람들을 부르는 말이다. 그래서 교수에게 박사라고 부르면 엄청 화낸다. 이 세계에서 교수, 연구위원에게 박사라고 부르는 건 무례한 일이다.

그런데 나를 꼬박꼬박 박사라고 부르는 사람들이 있다. 이전에는 교수라고 불렀다가 지금은 박사라고 부른다. 이제 더 이상 교수가 아니니 교수로 부르지 않겠다는 의지가 드러나는 호칭이고, 이제 내가 교수보다 낮은 등급이라는 것을 간접적으로 드러내는 호칭이다.

외부 사람들은 이런 감각을 모르니 나를 박사라고 불러도 상관없다. 하지만 이런 감각을 아는 학계 내부 사람이 나를 박사라고 부르는 건 나도 거부감이 든다. 그렇다고 뭐라 할 수는 없다. 이건 공식적인 거라기보다는 이 계통 사람들 내부에 흐르는 맥락 같은 것일 뿐이니까.

어쨌든 호칭은 어렵다. 교수를 그만두고 난 후 한국 사회에서 이 호칭 문제가 상당히 까다롭고 복잡하다는 것, 그리고 일반적으로 사용할 수 있는 적당한 호칭이 없다는 걸 확실히 느끼게 된다.

연락은 없어지고, 시간은 남아돈다

2021년 8월 31일자로 학교를 그만둔다. 그리고 9월 1일부터 공식적으로 파이어족이 된다. 처음 며칠은 좀 바빴다. 연구소를 만든다고 사업자 등록을 하고, 은행 계좌를 만들고, 기자재를 들이고 했다. 연구소는 설비, 기기가 들어가는 카페, 음식점 등과 달리 설치할 게 거의 없다. 손님 접대가 필요한 일도 아니니 인테리어를 잘 꾸밀 일도 없다. 공간을 마련하고 그냥 책상, 의자만 들이면 되는 일이다. 며칠 지나 연구소 만드는 건은 마무리된다.

퇴직금, 연금, 연구소, 은행 계좌 등의 일이 다 마무리되니 이제부터 본격적으로 파이어족의 생활을 누릴 수 있게 되었다. 그리고 파이어족의 생활을 하면서 바로 느끼게 된 것 중 하나가 다른 사람과의 연락이 팍 줄었다는 점이다. 이걸 감지하는 데 오랜 시간이 걸리지 않았다. 연구소를 만들고 나서 며칠 만에 바로 스마트폰이 굉장히 조용하다는 걸 알게 된다. 전화도 없고 메시지도 없다. 그리고 메일도 없다.

교수였을 때의 나는 나름대로 바빴다. 학생들에게 강의하는 게 뭐가 그리 바쁜가 할지도 모르지만 교수는 강의하는 사람이 아니다. 물론 강의는 하지만, 학생들에 대한 강의가 업무 중 많은 비중을 차지하지는 않는다. 학교 행정 업무가 있고 연구 업무가 있다. 또 나는 논문을 계속 썼고 프로젝트 등 학교 외부 업무도 있었다. 하루에 약속이 몇 개는 있었다. 프로젝트 회의 등이 끝나면 바로 다음 일정으로 이동한다. 회의를 끝내고 한가하게 주변 이야기를 하며 담소를 나눌 시간 없이 지냈었다.

약속을 잡기 위해서는 연락을 해야 한다. 업무 이야기를 하기 위해서는 전화를 해야 한다. 일을 한 파일이 오가기 위해서는 메일을 써야 한다. 전화가 오고 메시지가 오가고, 메일이 계속 오고 간다. 그리고 내가 직접적으로 참여하는 일은 아니더라도 학교에서는 학교 돌아가는 건과 관련해서 계속 메시지를 보내고 메일을 보낸다. 메일이 거의 없는 날이라 해도 최소 10개는 넘는다. 계속 무언가가 날아온다.

그런데 학교를 그만두고 난 후 이런 연락들이 끊긴다. 학교를 그만두겠다고 한 이후에는 논문도 쓰지 않고 프로젝트도 하지 않았다. 이런 연락들도 조금씩 줄어들다가 학교를 그만둘 때쯤에는 거의 없어졌다. 그리고 학교를 그만두고 나서는 정말로 연락이 딱 끊긴다. 오는 전화도 없고, 메시지도 없고, 메일도 없다. 그동안 스마트폰은 전화하고 메시지를 보내고 메일을 확인하는 용도로 주로 사용했다. 그런데 이제는 그냥 인터넷 검색이 되는 시계가 된다.

직장을 그만두면 주변 사람들과의 연결이 끊어진다는 이야기는 들었다. 그런데 이렇게까지 연결이 끊어지는 줄은 몰랐다. 생각해보면 이해가 된다. 우리가 주변 사람들하고 연결을 할 때는 무엇 때문인가? 일과 관련해서 사람들이 연결된다. 일이 없으면 사람들과의 연결도 끊어진다.

하지만 사람과의 연결이 일로만 되는 건 아니지 않나? 친구, 가족, 친지는 일과 관련 없이 서로 연결되는 사이다. 직장을 그만 둔다고 해서 이들과의 관계가 끊어지는 건 아니다. 맞다. 이들과의 관계는 계속 이어진다. 그런데 생각해보자. 평소에 친구와 얼마나 자주 연락하나? 일을 하고 있는 친구, 직장을 다니는 친구와 얼마나 자주 전화하고 메시지를 보내고 만나나? 가끔이다. 그동안 가끔 연락했고, 내가 직장을 그만둔 뒤에도 가끔 연락한다. 내가 파이어족이 되었다고 매일 전화를 걸지는 않는다. 가족, 친지도 마찬가지다. 일도 없이 쓸데없이 전화하지는 않는다. 가끔 가다 이들에게 연락이 오기는 한다. 그런데 그동안 내 통화의 한 90%는 업무 관련이었고, 10%가 이런 개인적인 연락이었다. 직장을 그만두면서 통화의 90%는 사라진다. 메시지의 90%는 없어진다. 이 정도로 급격히 감소하는 건 마음에 영향을 미친다. 주변과 단절된다는 느낌이 든다.

지금 이 글을 쓰고 있는 건 2023년 10월이다. 직장을 그만두고 전화기가 침묵하는 걸 느낀 지 2년이 넘는다. 지금 돌이켜보면, 그래도 그때는 연락이 있었다. 직장을 그만두고 주변으로부터 연락이 끊겼다고 하지만, 그래도 연락이 좀 있었다. 프로젝트를 하지 않겠느냐는 연락도 종종 있었고, 학교에서 내가 하던 업무에 관해 물어보는 연락도 좀 있었다. 업무 관련한 메일도 좀 날아왔다. 지금은 그런 것도 없다. 메일함은 그야말로 스팸 메일로만 차 있다. 교수일 때 사람들이 이메일을 쓰지 않는다는 말을 들으면 의아해했었다. 이메일 없이 어떻게 일을 할까 싶었다. 그런데 이메일은 업무상으로나 필요한 거였다. 업무가 없으면 이메일 쓸 일도 없다. 전에는 이메일을 확인하는 것으로 하루를 시작했고, 하루에 몇 번씩 이메일을 확인했다. 그런데 지금은 이메일을 열어볼 필요가 없다. 열어봤자 스팸밖에 없다. 그때는 주변과 연락하는 일이 급격히 줄면서 연결이 끊어진다고 느꼈지만, 그래도 지금보다는 나았다. 파이어족이 되면 주변과의 연결이 점점 줄어드는 것이었다.

주변과의 연결이 끊어지면서 시간은 많아진다. 일하는 사람들은 최소 하루 8시간 일을 한다. 일하는 시간이 8시간인 것이고 출퇴근 시간을 포함하면 그것보다 더 많다. 그런데 그 시간이 빈다. 하루 10시간 가까이가 자유시간이 된다. 아니, 사실은 그

것보다 더 많다. 아침 6시나 7시에 일어나는 건 그때 일어나고 싶어서가 아니다. 회사를 가기 위해서다. 저녁을 7시 너머 먹는 건 그 시간에 먹고 싶어서가 아니다. 업무를 끝내고 먹으려니 그 시간에 먹는 것이다. 11시, 12시에 잠드는 건 그 시간에 잠드는 게 좋아서가 아니다. 아침에 학교, 회사를 가려면 그 시간에는 자야 해서다. 그런데 이제 일하러 가지 않아도 된다. 일하는 시간에 맞춰 밥 먹는 시간을 조정할 필요도 없고, 업무 시간에 맞춰 잠자는 시간을 할애할 필요도 없다. 일하는 시간이 없어지면 그야말로 내가 24시간을 마음대로 조정할 수 있다. 회사 업무와 관련된 10시간이 자유시간으로 늘어나는 게 아니라 잠자는 시간을 제외한 모든 시간이 자유시간이 된다.

그리고 그렇게 자유시간이 많다 보면 곧 알게 된다. 뭘 해도 시간이 남아돈다. 직장을 그만두고 파이어족이 되면, 남는 시간을 주체하기 어렵다.

그동안 하고 싶었던 일을 하면 되지 않느냐고? 처음엔 좋다고 하고 싶었던 일을 한다. 평일 낮에 자전거를 타고 싶었고, 드디어 평일 낮에 자전거를 탄다. 한 시간을 넘게 탄다. 그런데 그렇게 자전거를 타고 나면 아침 10시다. 영화를 보고 싶다. 그래서 영화를 보러 간다. 영화를 보고 나오면 낮 1시다. 아직 잘 때까지 12시간이 남았다. 그 시간 동안 뭘 하나? 영화를 하루 종일 본다? 그런데 취미는 일주일에 한두 번 할 때 재미있는 것이다. 하루 종일, 일주일 내내 영화를 보면 그건 일이 된다. 친구를 만

난다? 그런데 친구들은 일을 하고 있다. 아무 때나 만날 수 없다. 설사 만난다 해도 매일, 매주 만날 수는 없다. 여러 친구를 만난다고 해도 여전히 비어 있는 시간은 많다. 그동안 일했던 시간을 대체할 만한 건 없다. 무얼 어떻게 해도 시간이 남는다. 주변 사람들과의 연결이 끊겨나간다는 것, 그리고 시간이 남아돈다는 것. 이게 좋은 건지 나쁜 건지는 이후에 차차 이야기해보기로 하자. 어쨌든 이것이 파이어족이 되고 나서 처음에 절실하게 느꼈던 달라진 점이었다.

파이어족은 그냥 은퇴한 사람일 뿐이었다

학교를 그만두고 난 후 국민연금을 연금으로 받느냐 일시불로 받느냐를 고민하고, 건강보험료가 급등하는 걸 지켜본다. 은행 신용대출 한도가 팍 줄어드는 것을 경험하고, 신용카드 등 금융거래에 제약이 생기는 걸 본다. 교수님으로 불리다가 그냥 동네 아저씨가 되는 과정을 겪고, 또 전화기가 더 이상 울리지 않고 시계로 변화되는 걸 경험한다. 그러면서 시간은 펑펑 남아돈다. 뭘 해도 하루 24시간이 잘 채워지지 않는다. 아무것도 안 하고 멍하니 있는 건 처음 얼마 동안은 좋을 수 있지만, 매일매일 멍하니 있는 건 고역이다. 머릿속이 텅 비어가는 것 같다. 무언가를 해야 하는데, 빈 시간을 어떻게 채워야 하나를 고민한다. 이게 내가 파이어족이 되고 나서 처음 한두 달 사이에 느낀 것들이다.

그런데 이상하다. 난 이런 이야기들, 은행 대출 한도가 줄고 그동안 알고 지낸 사람들과의 연락이 끊긴다는 등의 말을 이미 몇 번 들은 적이 있다. 내가 파이어족이 되고 나서 경험한 것들이 내가 그동안 전혀 보고 듣지 못한 일들은 아니었다. 누군가가 이런 걸 경험했다고 많이 이야기한 것들이다.

이런 경험은 누가 했을까? 현역에서 은퇴한 사람들이다. 회사에서 일하다가 그만두게 된 사람들의 이야기, 공무원으로 일하다 정년퇴직한 사람들의 이야기다. 은퇴한 사람들의 경험과 내 경험이 동일하다는 걸 알고 나서, 난 파이어족이 정확히 무엇인가를 알게 된다. 파이어족은 현역에서 은퇴한 사람들이다. 은퇴한 사람들의 삶이 바로 파이어족의 삶이다.

파이어족은 직장을 그만두고 더 이상 일하지 않겠다는 건데 이건 당연히 은퇴 아닌가. 파이어족이 은퇴한 삶과 동일하다는 건 당연한 거 아닌가. 이걸 알았다는 게 뭐가 새로운 건가?

그런데 그렇지 않았다. 사람들이 파이어족이 되고 싶다고 할 때, 정말로 은퇴한 사람의 삶을 생각할까? 아니다. 더 이상 자기가 하기 싫어하는 일을 하지 않고 자기가 정말로 살고 싶은 삶을 살기 위해 파이어족이 되고자 한다. 일하지 않는다는 게 포인트가 아니다. 자기가 원하는 삶을 산다는 게 포인트다. 그래서 파이어족이 되면 지금까지와는 다른 새로운 삶을 살 수 있게 된다고 생각한다. 파이어족은 이제 노년이 돼서 더 이상 일하지 않고 편안하게 살다가 조용히 죽자는 게 아니다. 직장에 얽매이는 삶에서 벗어나 자기만의 삶을 살자는 게 파이어족의 진정한 목표다. 그런데 아니었다. 파이어족은 새로운 삶을 사는 삶이라기보다는 그냥 은퇴한 삶이다. 다른 사람들보다 더 빨리 은퇴한 이들이 파이어족이다.

은퇴해서 더 이상 일하지 않고 자기 하고 싶은 거 하면서 편안하게 잘 살면 좋은 거 아닌가? 그런데 이건 은퇴한 사람들의 삶을 잘 몰라서 하는 말이다. 젊어서, 장년일 때 열심히 일하고, 은퇴한 다음에 유유자적하게 자기가 하고 싶은 걸 하면서 산다? 물론 그런 사람들도 있긴 하다. 하지만 그런 은퇴자는 극소수다.

은퇴를 했을 때 처음 맞닥뜨리는 현실은 소득의 급감이다. 그동안 매달 들어오는 월급이 더 이상 들어오지 않는다. 은퇴를 미리미리 준비해서 연금이나 저축액이 많다고 해도 마찬가지다. 현역 때 아무리 준비를 했다 해도 월급을 완전히 대체할 만한 소득은 만들어지지 않는다. 국민연금은 최대 월 240만 원까지만 지불한다. 월소득이 500만 원이 넘었어도 국민연금으로는 월 백 몇십만 원의 돈만 들어온다. 연금이 높다는 공무원도 마찬가지다. 국민연금보다 많이 받기는 하지만, 그래도 그동안 받아온 월급에 비해서는 몇십 퍼센트 깎인 금액이다.

월 500만 원을 가지고 살던 사람이 200만 원도 안 되는 돈으로 살 수 있나? 물론 살 수는 있다. 그러나 생활수준의 급격한 하락은 감수해야 한다. 은퇴하고 나서 그동안 열심히 일해온 것에 대한 보상으로 해외여행을 갈 수는 있다. 하지만 처음 몇 번만이다. 연금은 먹고살 수 있게 해주는 돈이지, 여행 다니며 즐기라고 주는 돈이 아니다. 연금으로 먹고산다면 정말로 그냥 먹고 살기만 해야 한다. 은퇴 후에 자기가 하고 싶은 것을 하는 화려한 삶? 그런 건 없다. 생활수준을 팍 낮춰서 하루하루 생활만 해야 한다.

그래도 월 200만 원 가까이 연금이 있고, 그 돈으로 생활할 수 있으면 다행이다. 하지만 많은 사람들이 그것도 안 된다. 그래서 현역에서 은퇴했지만 계속 일하려고 한다. 경비원 자리든, 뭐든 일해서 돈이 나온다면 무엇이든 하려 한다. 이러면 은퇴는 은퇴가 아니다. 그냥 잠깐 일을 쉬는 휴직 기간을 거친 것뿐이다. 그리고 이렇게 계속 일을 한다고 해도 결국 언젠가는 진짜 은퇴를 해야 한다. 그러면 소득의 급격한 감소로 생활수준의 하락을 다시 맞닥뜨린다.

사람은 어떤 상황에서도 자기 위안의 방법을 찾는 존재다. 은퇴해서 소득의 감소로 어려워하더라도, 결국에는 그 상황에 적응한다. 처음 은퇴할 때는 그동안 열심히 일했으니 이제 하고 싶은 거 다 하고, 여행도 많이 다니고 등등을 하려고 생각했다. 하지만 조금 지나면 동네 산책을 하고 집에서 유튜브를 보게 된다. 그래도 조금 여유가 있으면 수강료가 굉장히 싼 주민센터 강좌를 듣는다. 처음 자기가 생각한 은퇴 후 화려한 생활은 아니다.

하지만 충분히 평안하게 은퇴 생활을 즐긴다고 인식한다. 여행이나 좋은 레스토랑에 가는 등의 일은 여전히 특별한 때에나 가능하다.

은퇴자의 삶은 쉽지 않다. 그래서 은퇴 준비를 미리부터 해야 한다는 이야기나 책, 유튜브가 수두룩하게 많은 것이다. 미리부터 친구를 잘 사귀어두어야 한다는 둥, 은퇴 후 할 수 있는 취미를 가져야 한다는 둥, 저축을 해놓고 건강을 챙겨야 한다는 둥 준비해야 하는 게 많다. 내가 보기에 그런 게 없어도 은퇴한 나이 든 분들은 충분히 행복해한다. 단, 은퇴 전에 생각한 모습대로 살지는 못한다. 소소하고 검소하게 살면서 스스로 안분지족하며 살고 있는 것이다. 사실은 그렇게라도 살 수 있는 건 대단한 일이다. 한국의 노년 빈곤율은 세계 최고다. 정부가 주는 생계유지비만으로 먹고살기만 하는 은퇴자가 훨씬 더 많다.

예외는 있다. 굉장히 돈이 많은 상태에서 은퇴하는 것이다. 이런 사람들은 정말로 퇴직 전에 자기가 생각하는 은퇴한 삶을 살 수 있다. 해외여행을 가고 싶으면 바로 가고, 자기가 하고 싶었던 취미 등을 즐긴다. 골프를 치러 가고 크루즈를 탄다. 이제는 직장에 시간이 얽매이지 않으니, 몇 달 항해하는 크루즈도 탈 수 있다. 이런 은퇴자도 있다. 하지만 전체 은퇴자에 비해서는 극소수다.

파이어족은 은퇴자다. 다른 사람들보다 10년, 20년 일찍 은퇴한 사람들이다. '파이어족이 되면 자기가 하고 싶은 걸 마음대로 할 수 있을 것이다', '직장에 얽매이지 않고 자기가 원하는 삶을 살 수 있을 것이다', 은퇴자는 직장을 그만두며 그런 삶을 꿈꾼다. 하지만 막상 직장을 그만두면 그런 삶이 펼쳐지지 않는다. 파이어족도 마찬가지다. 파이어족을 원할 때는 파이어족이 되면 하고 싶은 걸 마음대로 할 수 있을 거라고 생각한다. 그러나 그렇게 되지 않는다. 은퇴자는 마음대로 살 수 없다. 주어진 예산의 제약하에서 딴짓하지 말고 안분하며 소소하게 살아야 한다. 파이어족도 비슷하다. 파이어족도 앞으로 돈이 늘어날 일이 없다. 지금 있는 돈으로 남은 평생을 살아가야 한다. 딴짓하면 안 된다. 소소하게 스스로 만족하면서 지금 현재만을 유지하며 살아야 한다.

여기도 예외는 있다. 돈이 아주 많이 있으면서 파이어족이 되는 것이다. 그런데 파이어족이 되었다는 사람치고 돈이 그 정도로 많이 있으면서 파이어족이 되는 사람은 없는 것 같다. 그렇게 돈이 많지 않은 파이어족은 그냥 보통 은퇴자일 뿐이다. 쉽지 않은 은퇴 생활을 보통 사람보다 10년, 20년 더 해야 한다. 스스로 '나는 행복하다'라고 세뇌하지 않으면 후회하기 딱 좋다.

3장

파이어족이 되고 나서
좋은 점

싫어하는 일 하지 않기

파이어족이 되고 나서 가장 좋은 건 무엇일까? 행복도가 크게 늘었나? 그건 아니다. 내 인생은 성공했다는 자신감이 증가했나? 그것도 아니다. 막상 '파이어족이 돼서 좋아진 게 무언가'라고 스스로에게 물어보면 대답할 게 그리 많지 않다. 그런데 그중에서 하나, 항상, 그리고 제일 처음 나오는 대답은 정해져 있다. 싫어하는 일을 더 이상 하지 않아도 된다는 점이다.

그동안 살아오면서 항상 '해야 하는 일'을 하면서 살아왔다. 직장만을 말하는 게 아니다. 초등학교, 중학교, 고등학교도 내가 하고 싶어서, 선택해서 다닌 게 아니다. 좋아하지 않아도 해야 하는 일이었다. 학교 다니기 싫다고 안 갈 수는 없었다. 사실 학교를 다니는 건 좋아하느냐 싫어하느냐를 따질 일도 아니었다. 그냥 무조건 해야 하는 일이었다.

대학을 가느냐 마느냐, 어느 대학을 가느냐는 선택이라고 말할 수 있다. 하지만 그게 진짜 선택인가? 대학을 가느냐 마느냐는 대학을 갈 점수가 되는가, 그리고 집에서 학비를 대줄 수 있느냐의 문제다. 대학 갈 점수가 되고 등록금 지원이 되는데 대학을 안 가는 경우는 없다. 자기가 원하는 대학에 갈 수 없을 때 아예 대학을 안 가겠다고 하는 경우는 가끔 있다. 그런데 그건 어디까지나 자기가 원하는 대학에 들어갈 수 없을 때일 뿐이다. 자기가 원하는 대학에 갈 수 있는데도 대학에 안 가겠다는 경우는 보기 힘들다.

대학 이후 군대는 말할 것도 없다. 군대에서는 하루 종일 싫어하는 일을 해야 한다. 병장이 되면 싫어하는 일을 하지 않고 편하게 지낼 수 있지 않느냐고? 병장의 자유는 군대 병영, 내무반 안에서만이다. 내무반 안에서는 하고 싶은 대로 할 수 있겠지만, 내무반 울타리를 넘지는 못한다. 싫어하는 군대의 테두리 안에서 좋아하는 일을 할 수 있다고 해서 정말로 마음대로 하는 건 아니다.

직장을 다니면 출근 시간이 정해져 있고 해야 하는 일이 부여된다. 직장 다니는 걸 좋아하는 사람도 있다. 하지만 직장 다니며 일하는 걸 좋아하는 것과 출근 시간, 퇴근 시간을 지키는 것을 좋아하는 건 다르다. 회사 일 하는 건 좋아해도, 출근 시간, 퇴근 시간 지키는 걸 좋아하는 사람은 별로 없다. 출퇴근 시간 지키기도 좋아한다면 재택근무가 인정되어도 계속 출퇴근을 시간 맞춰 할 것이다. 하지만 재택근무를 마음대로 할 수 있다고 할 때도 출퇴근 시간을 맞추며 다니는 사람은 거의 없다. 일하는 건 좋아해도 출퇴근 시간 지키기는 좋아하지 않는다는 의미다. 즉 좋아하지 않지만 해야 되는 일이다.

직장일을 좋아한다고 해도 직장에서 해야 하는 일 모두를 좋아하는 건 아니다. 좋아하는 일도 있고 싫어하는 일도 있다. 직장인은 그중에서 좋아하는 일만 골라서 할 수는 없다. 싫어하는 일도 해야 한다. 학생 가르치는 일이 좋아서 교사가 되었다고 하자. 하지만 교사는 학생 가르치는 일만 하는 게 아니다. 가르치는 것과 상관없는 행정 업무, 서류 작성 업무가 쏟아진다. 교수도 마찬가지다. 교수가 강의와 연구만 하는 게 아니다. 회의록이나 평가 보고서도 작성해야 한다. 회의록 작성, 정산 서류 정리 업무를 좋아하는 교수는 없다. 하지만 해야 한다. 사실 교수의 업무 대부분은 본인이 하고 싶어 하는 연구 수행이 아니라 잡다한 주변 업무들이다. 좋아하는 일 몇 시간을 하려고 좋아하지 않는 일, 싫어하는 일을 훨씬 더 많이 해야 한다. 아무리 좋은 직업이라 하더라도, 싫어하는 일을 하지 않을 방법은 없다.

파이어족이 되고 가장 좋은 건 이제 더 이상 싫어하는 일을 하지 않아도 된다는 점이다. 누가 시키는 일이 없어지고, 해야 하는 일도 없어진다. 마감을 지켜야 하는 일도, 다른 사람 비위를 맞출 일도 없다. 싫어하는 일, 하고 싶지 않아도 되는 일을 더 이상 하지 않아도 된다는 건 분명 파이어족의 장점이다.

하기 싫은 일을 하지 않는 것보다 더 중요한 게 있다. 싫어하는 사람을 더 이상 만나지 않아도 된다는 점이다. 원래 하기 싫은 일을 하는 것보다 싫은 사람과 어울려야 할 때 스트레스가 훨씬 더 크다. 직장에서의 트러블은 업무 자체에 대한 것은 그리 많지 않다. 사람들 사이의 관계에서 트러블이 훨씬 더 많이 일어나고 그 강도도 세다. 싫어하는 사람과 같은 팀이 되었을 때, 싫어하는 사람과 같이 업무를 해야 할 때, 싫어하는 사람이 상사일 때 직장 생활이 어려워진다.

파이어족이 된다고 해서 주변에 싫어하는 사람이 모두 없어진다거나 하지는 않는다. 하지만 파이어족은 싫어하는 사람은 만나지 않을 수 있다. 부담되는 사람, 뭔가 어색한 사람, 맞지 않는 사람을 피할 수 있다. 업무를 할 때는 이런 사람이 있어도 본인이 피할 수 없다. 싫은 감정을 숨기고 어울려야만 한다. 그래서 스트레스가 높아진다. 파이어족은 사람과의 만남도 선택 가능하다. 싫어하는 사람은 아예 만나지 않을 수 있다. 그래도 나의 삶에 아무런 지장이 없다.

하지만 그럼에도 불구하고 피할 수 없는 게 있다. 업무, 일과 관련해서는 싫어하는 일, 싫어하는 사람을 더 이상 대하지 않을 수 있다. 하지만 가족, 친인척과 관련해서는 그게 안 된다. 친척은 피할 수 있다. 그러나 가족과의 관계에서는 그러기 어렵다. 싫어하는 일을 해야 한다. 오히려 직장 다닐 때보다 이런 일이 더 늘어난다. 파이어족이 되어 시간이 많기 때문이다. 파이어족이 돼서 싫어하는 일, 싫어하는 사람을 만나지 않아도 되는 건 업무, 일 관련해서만이다. 가족 관련해서는 파이어족이 되어도 이건 피할 수 없다.

삶에서의 스트레스는 대부분 하기 싫은 일을 억지로 하는 데서 나온다. 그에 대한 대응 방안으로 논의되는 것은 주로 싫어하지 말고 좋아하기, 이해하기다. 자기가 하는 일에 의미를 부여해서, 싫어하는 게 아니라 좋아하는 일이라고 생각을 바꾸라고 한다. 싫어하는 사람의 경우 왜 싫어하는지 스스로를 돌아보고 상대를 이해하라고 한다. 그러면 더 이상 싫어하지 않을 수 있고 스트레스도 줄어든다. 이런 방안들은 싫어하는 일과 사람을 피할 수는 없으니까 마음을 바꿔 좋아하라고, 최소한 싫어하지는 말라고 한다. 하지만 파이어족은 싫어하는 걸 좋아하도록 마음을 바꿀 필요가 없다. 싫어하는 건 그냥 하지 않으면 되고 싫은 사람은 만나지 않으면 된다.

파이어족이 돼서 가장 좋은 건 이 점이었다. 더 이상 싫은 일을 하지 않고 싫은 사람 만나지 않기. 지금 당장만이 아니라 앞으로도 계속 그럴 수 있다. 삶에서 가장 큰 스트레스를 주는 요인 대부분을 제거하는 방안이다. 후유증도 없다. 파이어족의 만족감은 대부분 여기서 나온다.

내가 정말로 좋아하는 일이
무언지 알게 되다 1

파이어족이 되고 나서 알게 된 중요한 것 중 하나는 내가 정말로 좋아하는 일이 무언지 알게 되었다는 점이다. 사람들은 자기가 무엇을 좋아하는지 아는 게 중요하다고 한다. 자신의 성향과 재능도 파악할 수 있고, 특히 좋아하는 일을 할 때 능률도 좋고 성과도 좋다. 좋아하지 않는 일을 억지로 하는 것만큼 스트레스받는 일도 없다.

그런데 자기가 무얼 좋아하고 싫어하는지 어떻게 알까? 스스로 자신을 잘 살펴보고 자신의 감정이 가는 곳을 지켜보라고 한다. 그냥 관찰하는 것만으로는 알기 어렵고 실제 그 일을 해보라고도 한다. 시도해보았을 때 싫증을 느끼지 않고 계속 할 수 있는 일, 싫어하지 않고 잘할 수 있는 일, 오래 할 수 있는 일이라면 좋아하는 일이라고 할 수 있을 것이다.

그런 줄 알았다. 그래서 난 논문 쓰는 일, 프로젝트 하는 일을 좋아하는 줄 알았다. 인생의 목적까지는 아니더라도, 평생 꾸준히 할 수 있을 만큼은 좋아하는 줄 알았다. 하지만 아니었다. 그동안 아무리 오랫동안 한 일, 잘하는 일이라 하더라도 좋아하는 일은 아니었다. 파이어족이 되는 것의 좋은 점은 이것이다. 자기가 뭘 좋아하는지, 그리고 자기가 어떤 사람인지 확실히 알게 한다.

난 논문 쓰는 걸 좋아했다. 보통 박사, 교수들이 논문을 쓰는 건 일자리를 얻기 위해서다. 일자리를 얻은 다음에는 승진, 성과급 등을 위해 논문을 쓴다. 대부분 써야 하니까 쓰는 거지 정말로 논문 쓰는 걸 좋아하는 건 아니다. 이걸 어떻게 구분하나? 간단하다. 교수가 되기 전 논문 실적과 교수가 된 후의 논문 실적을 비교하면 된다. 교수가 되기 전에는 논문을 많이 쓰던 사람이 교수가 된 이후에 논문 실적이 떨어지면 그건 정말로 논문을 쓰고 싶어서 쓴 게 아니라는 걸 알 수 있다. 또 교수가 된 이후라 하더라도 정년이 보장된 정교수가 되기 전과 후를 비교하면 된다. 조교수는 실적, 승진을 위해 논문을 많이 써야 한다. 하지만 정교수가 되면 논문 실적에 대한 압박이 없다. 미국 같은 경우는 정교수가 되더라도 논문 실적에 따라 연봉이 영향을 받는다. 그래서 정교수가 되더라도 계속 논문을 많이 쓸 필요가 있다. 하지만 한국은 아니다. 정교수가 되면 논문을 안 써도 아무 문제 없다. 조교수일 때는 논문을 많이 쓰다가 부교수, 정교수로 갈수록 논문 실적이 떨어지면 그건 논문 쓰기를 좋아하는 건 아닌 거다.

난 논문을 많이 썼다. 지금까지 94편의 논문을 학술지에 실었다. 논문집에는 실리지 않는 학회 발표 논문까지 합하면 훨씬 더 많다. 교수가 되기 전에도, 교수가 된 후에도 계속 썼고, 교수를 그만두기 전까지 못해도 1년에 5편 이상은 항상 썼다. 1년에 10편 넘게 쓴 적도 있다.

승진, 실직을 위해서만은 아니었나. 승신, 실적을 위해서라면 1년에 1~2편이면 충분하다. 그 이상 쓸 필요는 없다. 하지만 난 계속 1년에 5편 이상을 게재했다. 논문을 쓴다고 돈이 나오는 것도 아니고 명예가 높아지는 것도 아니다. 유명 교수, 일류대 교수라면 논문이 교수의 명예에 영향을 미칠 수도 있겠지만, 나 같은 처지의 교수가 논문으로 명예가 높아질 일이 뭐가 있나.

난 논문 쓰는 일이 좋았다. 그래서 실적, 성과, 돈과 아무 상관 없이 논문을 써왔다. 2000년대 초 박사과정을 수료하고 나서부터 무려 20년 가까이 해온 일이었다. 그 정도로 돈과 관계없이 꾸준히 잘해온 일이라면 좋아하는 일이라고 해도 되지 않을까?

그런데 아니었다. 파이어족이 된 이후, 난 한 편의 논문도 쓰지 않았다. 쓰려고는 했다. 쓰다 만 논문도 있고, 자료 수집이 된 논문도 있고, 쓰려고 한 논문도 있었다. 무엇보다 내가 지금까지 게재한 논문은 94편이다. 여기까지 왔으면 100편은 채워야 하지 않나. 학교의 강의, 회의 등이 없어졌으니 시간이 더 많아졌다.

지금까지보다 논문을 더 많이 쓸 수 있다. 하지만 쓸 수 없었다. 쓰려고 해도 도무지 손에 잡히지 않는다. 20년 가까이 아무 문제 없이 해온 일인데 더 이상 할 수 없게 되어버렸다.

프로젝트도 마찬가지다. 난 프로젝트도 많이 했다. 보통 5~7개의 프로젝트가 한 번에 굴러갔다. 돈도 돈이지만 프로젝트를 하면 관련 분야 사람들을 만날 수 있고 해당 분야의 자료, 실태를 가장 가까이에서 알 수 있다. 새로운 사람과 지식을 만나는 데 프로젝트만큼 좋은 게 없다. 그런데 파이어족이 된 다음부터는 프로젝트도 할 수 없게 된다. 이미 계약이 돼서 진행되는 건 어쩔 수 없었다. 하지만 그 이후로는 프로젝트를 받지 않는다.

난 논문, 프로젝트를 좋아하는 줄 알았다. 파이어족이 돼서 직장일을 안 하면 이런 일을 더 많이, 잘할 수 있다. 그런데 하기가 싫다. 정말로 하기가 싫다. 난 논문 쓰기, 프로젝트 수행을 좋아하는 게 아니었다. 단지 좋아한다고 생각해왔을 뿐이다.

돌이켜보면 논문, 프로젝트는 교수로서의 성과, 업무에 꼭 필요한 것은 아니었더라도 간접적으로 교수로서의 명예 등에 영향을 미치는 거였다. 아무리 논문이 연봉, 승진 등에 영향을 미치지 않는다 하더라도, 관련 업계에서 논문 많이 쓰는 교수는 이름이 알려진다. 직접적인 이득은 없지만 그런 간접적인 이득이라도 마음속 깊은 곳에서는 의식했었나 보다. 그렇지 않고는 교수를 그만두면서 논문, 프로젝트를 완전히 끊게 된 게 설명되지 않는다. 실제 마음속 깊은 곳에서는 좋아하지 않으면서, 좋아한다고 스스로 착각해온 것이다.

이런 게 많이 있다. 난 그동안 악기를 하나 배우고 싶어 했다. 악기를 배워서 나중에 길거리에서 연주하는 것이 나름 버킷리스트에 들어갔다. 악기를 제대로 배우고 싶은데 그럴 시간이 나지 않는다. 시간이 되면 꼭 배워야지…, 그러고 있었다. 파이어족이 되었다. 파이어족이 되고 처음에는 시간이 남아돈다. 그런데 그 남는 시간에 악기를 배울 생각은 하지 않는다. 아니, 생각은 한다. 하지만 여전히 행동으로 옮기지는 않는다. 이전에는 시간이 없어서라고 핑계를 댔는데 이제는 그런 핑계도 댈 수 없다. 그럼 왜 악기를 못 배우는 것인가. 이건 내가 정말로 원하는 게 아닌 것이다. 그냥 간단한 바람, 지나가는 소망이었을 뿐이다. 진짜 좋아하는 일, 하고 싶은 일은 아니다.

자동차도 그렇다. 포르쉐를 사고 싶었다. 스포츠카는 많은 남자들의 로망이다. 나도 스포츠카를 보면 멋있다고 느낀다. 돈이 생기면 사야지 하고 있었다. 그런데 막상 포르쉐를 살 여유가 생겼을 때, 포르쉐를 살 생각이 나지 않는다. 지금 타고 있는 차로 충분하지, 따로 스포츠카를 가질 특별한 이유가 있나. 안 사고 안 타도 별문제 없다. 난 포르쉐를 타고 싶어 한다고 생각했는데 아니었다. 정말로 사고 싶은 건 아니었다.

그런데 파이어족이 된 후에도 계속 하는 일이 있다. 대표적인 게 책 쓰기다. 책 쓰는 일은 돈이 안 된다. 프로젝트는 돈이 된다. 하지만 책 쓰기는 정말 돈이 안 된다. 무언가를 쓰는 건 똑같다. 오히려 프로젝트가 쓰는 분량이 더 적다. 그런데 프로젝트는 더 이상 할 수 없고 책은 계속 쓴다. 책 쓰기는 내가 인생에서 꼭 하고 싶은 몇 가지 일 중 하나였다. 이건 파이어족이 되기 전에도, 된 후에도 똑같은 소망이고 똑같이 하고 있다. 이런 경우, 이건 내가 정말로 좋아하는 일이라고 할 수 있을 것이다.

직장을 다닐 때는 못 하지만 직장을 그만두고 시간이 많아지면 하려고 한 것들이 많았다. 그런데 막상 파이어족이 된 다음에 정말로 하게 된 것은 별로 없다. 시작하더라도 얼마 못 가 그만두었다. 좋아한다고 생각했지만 정말로 좋아한 건 아니었던 거다. 사실 정말로 좋아했으면 직장을 다니면서도 했을 것이다. 그리고 그동안 잘해온 일인데 파이어족이 되고 나서 그만둔 일이 있다. 이것도 좋아한다고 생각해왔지만 정말로 좋아한 건 아닌 일이었다. 그런데 그동안 해온 일인데 파이어족이 된 후에도 계속 하는 일이 있다. 이게 내가 정말로 좋아한다고 할 수 있는 일이었다. 파이어족이 되기 전에도 후에도 계속 하는 일. 그게 내가 진짜로 좋아하는 일이었다.

내가 나 스스로 파이어족이 된 것에 감사하는 건 이런 측면이다. 나 자신을 새롭게 알게 해주었다는 것, 내가 정말로 좋아하고 바라는 게 무엇인지 나 자신에 대해 알게 되었다는 것. 나에게는 커다란 가치가 있는 깨달음이었다.

내가 정말로 좋아하는 일이
무언지 알게 되다 2

파이어족이 된 다음에 이런저런 일들을 새로 시도했다. 웹소설 쓰기, 바이올린 연주하기, 골프 치기, 사이버 대학 입학하기 같은 좀 비중이 큰 시도도 있었고, 그 외에도 자잘한 시도들이 있다. 자전거 타기도 있고 자격증 시험, 외국어 배우기 등도 있다. 자전거 타기를 본격적으로 해보고 싶었는데 몇 번 해보고는 그냥 취미 수준, 날씨가 좋은 때 일주일에 한두 번 한강 다녀오는 정도만 하기로 했다. 한 번 탈 때 한 시간 반 정도 타는 수준이다. 한국은 여름, 겨울에 자전거 타기가 어려웠다. 여름은 더워서, 겨울은 추워서, 그리고 여름엔 비가, 겨울에는 눈이 많이 와서 자전거 타는 건 고역이고 또 위험했다. 여름, 겨울에 자전거 타기를 멈추고 몇 달 세워놓으면 자전거 바퀴에 바람이 빠지고 어딘가에 이상이 생긴다. 자전거는 그냥 타기만 하면 안 되었다. 정비 기술도 같이 있어야 했다. 그런데 난 손재주가 정말 젬병이다. 포기다. 그냥 봄, 가을 날씨 좋을 때 서울시 따릉이만 이용하기로 했다. 그래서 먼 길은 갈 수 없다. 자전거 일주는 생각조차 못 하고, 그냥 나들이 수준으로만 다닌다.

자격증 시험도 새로 도전하려 했다. 자격증 시험은 전혀 어렵게 생각하지 않았다. 난 서울대 출신이다. 서울대 출신이 다른 건 못해도 공부해서 시험 보는 건 잘한다. 실기 시험이라면 모를까 필기시험을 공부해서 합격 점수 넘기는 건 그리 어렵지 않다. 변호사, 회계사, 세무사, 변리사 등과 같이 하루 종일 몇 년을 공부해야 하는 건 모를까, 몇 달 열심히 공부하면 되는 일반 자격증은 그리 어렵지 않다. 그런 자격증은 따보았자 큰 도움이 안 되니까 안 보는 거지, 그냥 자격증을 따겠다고만 하면 별문제 없이 딸 수 있다.

그렇게 생각하고 자격증 시험 준비를 시작했다. 투자 관련 자격증이었다. 그런데 못 하겠다. 이 교재를 어느 정도 시간을 들여 어떤 수준으로 공부하면 붙을 수 있다는 건 알겠다. 집중하고, 여기에 있는 단어나 문장들을 그대로 익히기만 하면 된다. 그런데 그게 안 된다. 젊을 때는 별문제 없이 했던 일이다. 하지만 나이 오십이 넘어서 하려니 힘들다. 집중해서 책을 보면 30분만 지나도 머리가 아프고 몸이 지친다. 이걸 어떻게 하루 몇 시간을 하나. 정신이 버티지를 못한다. 집중해서 공부하면 몸이 굉장히 힘들어진다는 것도 이때 알았다.

웃기는 건 나는 지금도 계속 책을 보는 사람이라는 거다. 논문도 읽고 학술 서적도 읽는다. 이런 책은 하루 몇 시간 읽어도 아무 문제 없다. 그런데 책을 읽는 것과 수험 서적을 공부하면서 읽는 건 완전히 다른 거였다. 같은 책 읽기가 아니다. 시험공부라는 게 굉장히 어려운 거라는 걸 이제야 알게 된다. 옛날에는 이런 걸 어떻게 했을까. 공부에도 때가 있다는 말을 지금서 이해하게 된다.

어쨌든 지금의 나는 몸을 해치면서 하는 건 뭐든지 다 그냥 포기다. 수험공부는 지금 나의 몸에 안 좋다. 자격증이 살아가는 데 반드시 필요하다면 모르겠지만 그런 건 아니다. 자격증 공부도 포기했다.

결국은 뭔가. 파이어족이 되고 나서 많은 것을 시도했다. 모두 그동안 살아오면서 흥미를 가진 일들, 해보고 싶어 했던 일들이었다. 해보고 싶다는 생각이 들었지만 하지 못했던 일들을 시도해본 것이었다.

그런데 새로 시도한 일 중 어느 것도 제대로 하지 못했다. 처음 몇 번, 몇 달은 했다. 그런데 조금 지나면 그 일의 단점, 문제점, 어려운 점이 보인다. 겉으로 보기에는 좋은 점만 보인다. 하지만 좀 하다 보면 안 좋은 점도 보인다. 그 안 좋은 점에도 불구하고 계속 할 수 있어야 하는데 그게 잘 안 된다. 생각하지 못했던 어려운 점이 나타나면 이건 아니구나 하며 포기한다.

그러면서 알게 된다. 내가 그동안 여기에 대해 관심이 있고 좋아한다고 생각했는데, 실제로 정말로 좋아한 건 아니었구나. 오랫동안 하고 싶다고 마음속에 품고 있었다고 해도 소용없다. 오래 생각했다고 해도 정말로 좋아하는 건 아니다. '나는 이쪽 분야의 사람인데…, 내 적성은 여기인데…'라고 생각해왔어도 별 의미 없다. 소질이 있다고 해서 정말로 그쪽 분야에 몸담고 일할 수 있는 건 아니다.

돌이켜보면, 정말로 내가 관심이 있고 좋아하는 일이라면 나이 오십이 넘도록 본격적으로 시도하지 않을 리가 없다. 정말로 좋아했다면 파이어족이 되기 전에 이미 시도하고 계속 행동했을 것이다. 나이 오십이 넘어서까지 제대로 시작하지 않았다면 그건 정말로 좋아하는 일은 아니다. 본인이 좋아한다고 생각하고 있었다고 하더라도 그건 마음속 깊이의 진심은 아닌 거다. 마음속 깊은 진심이었다면 그 전에 뭔가 달라진 게 있어야 했다.

2년여 동안 이런 경험을 하고 알게 된 게 있다. 나의 길이 다른 데 있다고 생각하지 말자. 다른 분야를 새로 시작하려 하지 말자. 경험 삼아 맛보기로 다른 분야를 경험하는 건 괜찮을 거다. 하지만 내가 그 분야를 정말로 원한다고 생각하고 지금의 길을 바꾸려고 생각하지는 말자. 대신 지금 하는 일이나 더 잘하자. 그게 맞는 방향이다.

지금 하는 일은 뭘까? 파이어족이 되기 전이나 된 후나 똑같이 하는 일이 있다. 책 읽기와 책 쓰기다. 이 일의 단점을 모르는 게 아니다. 다른 누구보다 책 읽기와 책 쓰기의 문제점을 잘 알고 있다. 책 읽기는 돈도 시간도 많이 든다. 구입한 책을 보관하기도 쉽지 않고, 읽어도 읽어도 아직 못 읽은 책은 늘어나기만 해서 스트레스가 쌓인다. 주위에서 책만 읽고 세상 물정 모르는 바보의 전형이라는 비판도 많이 받는다.

책 쓰기는 에너지는 많이 드는 데 얻는 건 없다. 안 팔린 책을 내가 사주기도 하니, 돈을 벌기는커녕 오히려 돈이 들어간다. 요즘은 같은 내용을 책으로 쓰는 것보다 유튜브에 올리는 게 훨씬 더 파급력 있고 부수적 효과도 크다는 걸 잘 알고 있지만, 그래도 그냥 책만 읽고 쓰고 있다.

다른 분야라면 이렇게 이 일의 문제점을 알게 되면 포기했을 거다. 하지만 책 읽기와 책 쓰기는 그냥 계속 한다. 결국 나는 이쪽 분야 사람이었던 거다. 그동안 내가 생각해왔던 것보다 훨씬 더 이쪽 사람이었다. 파이어족이 되고 나서 그동안 해보고 싶었던 이런저런 일들을 계속 시도해보았다. 그리고 얻은 결론은 결국 이거다. 지금까지 해온 일이나 더 잘하자. 그동안 해온, 그리고 지금도 하고 있는 책 읽기, 책 쓰기나 더 잘해보자.

그동안 넓어지려 했다. 하지만 이제는 깊어지고 싶다. 지금 하고 있는 일들의 레벨을 높이고 싶다. 그동안은 태권도 1단, 합기도 1단, 검도 1단, 유도 1단 식으로 움직여왔다. 이제는 달라지고 싶다. 태권도 2단, 태권도 3단 식으로 한 가지에서 더 깊어지고 싶다. 삶이라는 건 태권도 1단, 합기도 1단, 검도 1단 식으로 총 합계 6단이 되는 것보다, 그냥 태권도 6단이나 합기도 6단 식으로 한 가지에서 6단이 되는 게 훨씬 더 의미가 있는 것 같다. 삶의 태도를 바꾸고 싶다. 넓은 것을 추구하는 삶에서 깊은 것을 추구하는 삶으로.

책 읽기, 책 쓰기에서 보다 깊어지고 싶다. 그동안은 그냥 읽고 싶은 책을 읽어왔다. 이제는 보다 좋은 책 위주로 읽어보자. 이건 좋은 책이라고 생각해서 사기는 했는데 읽지 않은 책이 굉장히 많다. 어렵고 두껍고 또 읽는 데 시간이 오래 걸려 시작하지 못한 책들이다. 이런 책들을 하나하나 읽어가 보자. 또 책 쓰기는, 나 스스로 생각하기에 좋은 책을 쓰려고 해보자. 이런 책은 지금보다 훨씬 더 두껍고 또 읽어주는 사람이 없을 것이지만, 그래도 이제는 그런 책들을 쓰려고 해보자.

넓어지려고 하지 말고 깊어지려 하자. 새로운 걸 하기보다는 지금 하는 일을 더 잘해보자. 파이어족 2년을 지내고서 새로 추구하게 된 방향이다.

자본주의가 먼지 비로소 깨닫다 1

투자자의 중요성

나는 경제학 전공이다. 대학은 경제학과를 나왔다. 그리고 대학원은 행정학과이지만 그 세부 전공은 경제정책이다. 경영학 학위도 있다. 그러니 난 계속해서 경제·경영 분야에 발을 담가온 사람이다. 경제학·경영학은 자본주의 사상을 기본 전제로 한다. 자본주의는 무엇이고, 장단점은 무엇인지, 자본가와 노동자의 역할과 갈등 등에 대해 계속해서 읽고 듣는다. 교수로서 경제학에 대해 가르치기도 했고, 자본주의란 무엇인가 등 경제 관련해서 책도 썼다.

그런데 내가 경제 돌아가는 것에 대해 좀 이해가 된다는 느낌이 든 건 직장을 그만두고 나서, 파이어족이 되고 난 다음이다.

'아, 이게 자본주의였구나'라는 걸 파이어족이 된 다음에 알게 된다. 그동안 경제에 대해 알고 있던 지식은 피상적인 거였다. 자본주의가 움직이는 근본적인 원인에 대해 잘 알지 못한 것 같다. 파이어족이 되고 나서 세상을 보는 눈, 경제를 보는 눈이 달라져 버렸다.

사람들은 자본주의가 돈을 추구하는 것으로 생각한다. 사회의 다른 모든 가치보다 돈이 더 중요하고, 돈을 목적으로 하는 사회를 자본주의로 본다. 부자와 가난한 사람들 간의 격차와 분쟁이 자본주의의 본질을 이루는 요소라고 본다.

하지만 자본주의의 특징은 돈을 추구하는 게 아니다. 자본주의가 돈을 추구하는 거면 자본주의 이전 귀족사회에서는 돈을 추구하지 않았나? 자본주의에서 부자와 가난한 사람의 격차가 크다고 하는데 그럼 귀족사회에서는 부자와 가난한 사람들 간 차이가 없었나? 자본주의와 거리가 먼 우리나라 조선시대는 부자-빈자 간 차이가 없었나?

귀족과 평민 사이에는 넘을 수 없는 부의 차이가 있었다. 조선 시대에도 양반 문벌 세력과 평민 사이에는 엄청난 빈부 격차가 있었다. 모두가 평등했다는 것은 평민들 사이에서만이다. 평민들은 모두 비슷하게 가난했다. 하지만 귀족, 양반 문벌과 평민 사이의 차이는 상당히 컸다. 현대 자본주의 사회에서 빈부 격차가 더 커진 게 아니다. 오히려 귀족사회, 봉건사회에서 빈부 격차가 훨씬 더 컸다. 봉건사회의 대표적인 사상가인 공자, 맹자가 돈·재산이 중요하지 않다, 인의가 중요하다고 말했다고 해서 공자, 맹자가 정말로 돈에 무관심했다고 생각하면 곤란하다. 공자, 맹자는 교육 활동을 하면서 엄청난 돈을 번 부자였다. 그래서 먹고살기 위해 생계 활동을 하지 않으면서도 제자들을 거느리고 몇 년간 중국 각지를 여행하고 돌아다닐 수 있었다.

부자와 가난한 자의 차이, 돈을 좋아한다는 것은 자본주의의 특징이 아니다. 그건 모든 사회가 가지고 있는 특성이다. 모두가 평등하다는 공산주의를 추구하는 옛소련, 중국, 사회주의 국가들에서도 빈부 격차는 컸다. 부자가 자본주의 국가에서는 주로 사업가 등인데 사회주의 국가에서는 고급관료들, 정치인들이라는 점이 다른 것이지 빈부 격차 자체는 동일하다.

나는 자본주의의 특징은 사업의 자유라고 보았다. 자본주의 사회에서는 자유롭게 사업을 할 수 있다. 돈을 벌기 위해 사업을 시작할 수 있다. 하지만 자본주의 이외의 사회에서는 사업의 자유가 없다. 빵집, 주막, 동네 술집은 할 수 있다. 하지만 자기가 사는 동네를 벗어나는 규모로 큰 사업은 할 수 없다. 회사는 자기 마음대로 설립할 수 있는 게 아니다. 정부의 특허, 허가를 받은 다음에 할 수 있다. 정부의 허가 없이 마음대로 사업을 하다가는 잡혀간다. 조선의 인삼 사업이 유명했다 해서 그게 상인들이 자율적으로 인삼을 키우고 사고팔고 했다고 생각해서는 곤란하다. 조선의 인삼은 국왕 전매 상품이었다. 개성상인 등이 왕의 대리인으로 거래를 했던 것이지, 상인들이 스스로 벌인 사업이 아니다. 규모가 있는 모든 사업은 왕의 특허를 받고 운영된다. 그게 자본주의 이전 사회의 특징이다. 자본주의에서는 권력자의 특허를 받지 않고도 사람들이 사업을 벌일 수 있다. 정부가 미리 정한 허가조건, 등록조건 등만 맞추면 누구나 사업을 할 수 있다. 이게 다른 경제체제와 다른 자본주의의 특징이다.

그렇게만 생각했다. 사업의 자유는 생각했지만, 그 사업체를 직접 만드는 자본가에 대해서는 크게 중요하게 생각하지 않았다. 그런데 파이어족이 되고 나서 알게 된다. 아니 정확히 말하면 파이어족이 되어서가 아니라, 직장 없이 어느 정도의 자산을 가지고 있다 보니 알게 된다. 자본주의를 움직이는 힘은 돈이 있는 자본가들에게 있는 거였다.

케인스의 방정식이란 게 있다. 국가 GDP는 '소비+투자+정부지출+수출-수입'으로 정해진다. 즉 국가 GDP를 늘리기 위해서는 소비를 늘리거나, 투자를 늘리거나, 정부지출을 늘리거나, 수출을 늘리고 수입을 줄여야 한다. 그런데 이 요소들은 같은 비중이 아니다. 가장 중요한 건 투자다. 국민들이 소비를 늘린다고 해서 세 끼 밥 먹다가 네 끼, 다섯 끼를 먹게 되는 게 아니다. 집 한 채에서 살다가 두 채, 세 채에서 사는 게 아니다. 좀 더 좋은 음식을 먹고 좀 더 좋은 집에서 사는 정도다. 소비가 느는 건 어렵고 그래서 소비를 늘려 GDP가 증가되는 건 어렵다.

투자는 다르다. PC방을 만드는 투자를 하면 1억 원이 소요된다. 컴퓨터 업체, 인테리어 업체, 부동산 업체, 게임 업체 등이

1억 원의 매출을 나눠 갖는다. 만약 10억 원짜리 공장을 만드는 투자를 하면 관련 업체들이 당장 10억 원의 매출을 올린다. 100억 원 투자를 하면 GDP가 당장 100억 원이 늘어난다. GDP 변화에 제대로 영향을 미치는 건 투자다.

내가 교수일 때, 내가 교수 업무를 얼마나 열심히 하는가는 나 자신, 그리고 학교, 학생들에게는 중요하다. 하지만 경제 전체적으로 볼 때 얼마나 의미와 가치가 있는지, 국가 GDP 증가에 어느 정도 영향을 미치는지 물어보면 할 말이 없다. 내가 빚아서 쓰는 월급만큼의 기여만 할 뿐이다. 내가 교수를 그만두면 다른 사람이 교수로 들어와 같은 월급을 받으면서 같은 일을 할 것이다. 내가 교수를 하든 말든 경제 전체에는 별 차이가 없다.

그런데 내가 몇십억 원의 자산을 가지고 파이어족이 되었다. 난 이제 이 돈으로 무얼 할지 선택할 수가 있다. 그냥 은행에 돈을 저축해두고 있을 수도 있다. PC방을 차릴 수도 있고, 레스토랑을 차릴 수도 있다. 몇십억 원을 들여 사업체를 만들 수도 있다. 1억 원을 들여 PC방을 만들면 사회 전체적으로 1억 원 매출이 발생하고, PC방 아르바이트생 고용이 생긴다. 10억 원 레스토랑을 만들면 10억 원 매출이 생기고 고용이 몇 명 늘어난다. 전 재산을 들여 사업체를 만들면 고용, 생산, 매출 등에서 숫자 변화가 생긴다. 나중에 사업이 잘되든 망하든, 일단 돈을 들여 투자를 하는 순간 경제에 영향을 미친다.

직장인들의 경제활동은 국가 경제 전체에 그리 큰 영향을 미치지 않는다. 모든 직장인의 활동은 중요하지만, 개개인의 직장 활동이 경제에 미치는 영향은 거의 없다. 1~2억 원의 투자가 국가 경제에 미치는 영향도 크지 않다. 그런데 몇십억, 몇백억 원 투자는 다르다. 분명 전체 경제에 영향을 미친다. 이런 투자가 얼마나 되느냐에 따라 경제의 움직임이 달라진다.

그 결정을 하는 게 자본가였다. 몇십억, 몇백억 원의 돈을 가진 자본가가 어떻게 움직이느냐에 따라 경제 전체가 영향을 받는다. 이들이 이 돈으로 사업을 벌이지 않고 그냥 놀고먹는 데만 쓴다면 경제가 별로 나아질 게 없다. 한 사람의 소비만으로 경제가 움직이지는 않는다. 이 자본가가 100억 원짜리 투자를 하면 고용이 몇십 명 늘어나고 부동산, 기계장비, 컴퓨터 사무기기 등에서 100억 원대 매출이 발생한다. 이 자본가가 투자를 하지 않고 그냥 놀고먹느냐, 1억 원짜리 투자를 하느냐, 10억 원짜리 투자를 하느냐, 100억 원짜리 투자를 하느냐가 경제 전체적으로는 굉장히 중요하다.

그리고 알게 된다. 이 자본주의 사회구조가 이런 돈 있는 자본가, 투자자에게 굉장히 유리하게 돼 있다는 걸. 이들이 움직이고 투자를 해야 경제가 움직이니, 사회제도가 이들 자본가, 투자자에게 유리하도록 만들어져 있었다. 그게 이전의 내 눈에는 보이지 않았다. 월급을 받는 직장인 입장에서는 보이지 않았다. 그런데 이제 직장을 그만두고 투자를 선택할 수 있는 자본가가 되어보니 그 사회경제 시스템이 보인다.

자본주의는 돈이 있는 투자자가 자기 돈을 사업에 투자하도록 한 시스템이었다. 이런저런 혜택을 줄 테니 돈 있는 투자자가 투자를 하도록 독려하고 재촉하는 시스템이다. 자본가를 우대하는 시스템, 그냥 돈이 많은 사람이 아니라, 투자하는 자본가를 우대하는 시스템이 바로 자본주의였다. 이걸 알게 되면서 경제를 보는 시각이 달라진다. 나로서는 오랫동안 경제 공부를 하면서도 알지 못했던 걸 알게 되는 큰 변화였다.

자본주의가 먼지 비로소 깨닫다 2

샐러리맨, 자영업자와 자본가의 차이

내가 파이어족이 되고 나서 알게 된 사실은, 자산가들에게는 일하는 게 필수가 아닌 선택이라는 점이다. 일을 할 수도 있고 안 할 수도 있다. 특히 자기 돈을 들여 사업을 하느냐 마느냐를 자기 선호에 따라 결정할 수 있다. 바로 이 점이 자본주의의 특징을 결정짓는 거였다.

샐러리맨은 회사에서 일을 해서 돈을 벌어야 한다. 회사를 다니지 못하면 굶어 죽을 염려가 있다. 모아놓은 돈이 있어서 굶지는 않는다 해도 버는 돈이 팍 줄고 생활수준이 크게 하락하게 된다. 그래서 샐러리맨은 회사에서 요구하는 일을 해야만 한다. 회사만이 아니라 정부가 요구하는 일도 해야만 한다. 교육을 받아라, 이 일도 해라, 월급을 조금 줄이겠다, 세금을 올리겠다, 건강보험비를 더 걷겠다 등등의 조치를 할 때, 샐러리맨은 그 조치를 받아들일 수밖에 없다. 이런 걸 하라고 하다니, 부당하다고 소리치며 욕을 퍼붓지만, 그래도 회사, 정부의 말에 따를 수밖에 없다. 회사의 요구, 정부의 정책은 어쨌든 효과를 발휘한다. 정 문제가 되면 노동조합에서 파업을 하거나 거리에 나가 정부에 반대하는 시위를 한다. 그러나 그렇게까지 했는데도 기업, 정부가 하라고 하면 할 수밖에 없다. 아무리 기업, 정부의 요구가 과도하다고 해도 회사를 그만두려 하지는 않는다. 회사를 그만두면 먹고살 길이 막막해진다.

자영업자도 마찬가지다. 자기 사업을 한다고 하지만 매달 돈을 벌지 않으면 먹고살기 어렵다. 손님이 진상을 부려도 참고 사업을 한다. 정부가 행정조사를 나와 정부의 새로운 정책 지침을 따르지 않으면 벌금을 물리겠다, 감옥에 보내겠다고 하면 그 지침을 따를 수밖에 없다. 아무리 새로운 정책을 싫어해도 그 정책을 따르지 않으면 문제가 되니 어쨌든 따른다. 정부 정책은 효과를 보게 된다. 샐러리맨도 자영업자도 어떤 환경에서든 일을 해야만 한다. 일은 필수다.

자산가, 자본가는 다르다. 몇십억 원 이상의 자산을 가지고 있는 사람은 일하는 게 선택이다. 정부의 조치, 정책이 마음에 들지 않으면 그냥 일을 하지 않아도 된다. 사업체를 하고 있는 자산가가 있다고 하자. 정부가 새로운 정책을 시작하면서 이 정책에 따르지 않으면 감옥에 보낸다고 하자. 샐러리맨, 자영업자는 어쨌든 그 새로운 정책을 따를 수밖에 없다. 하지만 자산가는 다른 선택지가 있다. 그냥 그 사업을 하지 않는 것이다. 아예 사업을 접어버리면 마음에 안 드는 그 정책을 따르지 않을 수 있다.

샐러리맨, 자영업자는 일을 그만둬 버리면 먹고살 길이 막막하고 생활수준이 급격히 하락한다. 하지만 자산가는 아니다. 그냥 가진 돈으로 충분히 잘 먹고살 수 있다. 먹고살 돈이 부족해서 사업을 하려고 한 게 아니다. 하고 싶어서, 자기를 증명하고 싶어서, 뭔가 보람 있는 일을 하고 싶어서 사업을 하려고 한 것이다. 그런데 정부가 이런저런 부당한 요구를 한다. 말을 안 들으면 경찰이 조사를 하고 벌금을 매기고 감옥에 보낸다고 한다. 그런 위험을 감수하면서까지 사업을 해야 하나? 물론 그런 사람도 가끔은 나올 것이다. 하지만 대부분의 자산가는 자기가 감옥에 가는 위험을 무릅쓰고서라도 사업을 하려 하지는 않는다. 그냥 놀고먹거나 취미 활동을 한다.

자산가들은 원래 일하지 않고 놀고먹는 존재였다. 중세시대 돈 많은 귀족들은 일하지 않았다. 매일 파티를 하고 사냥을 하며 지냈다. 조선시대 돈 많은 양반들도 일하지 않았다. 사서삼경을 읽고 시를 쓰고 과거 시험공부를 하며 보냈다. 일은 평민들이나 하는 거였다.

자본주의는 다르다. 자산가들에게 그냥 놀고먹지 말고 일을 하라고 했다. 새로운 사업을 하라고 했다. 돈을 더 벌기 위해 노력하라고 했다. 막스 베버가 《프로테스탄트 윤리와 자본주의 정신》에서 강조한 게 바로 이 점이다. 돈을 얼마나 많이 벌었느냐는 자기가 얼마나 신에게 사랑받고 있느냐를 보여주는 증거다. 그러니 계속해서 돈을 더 벌기 위해 노력하라. 돈을 벌었다고 놀고먹지 말고 계속 더 벌기 위해 노력해야 한다고 했다.

샐러리맨, 자영업자가 더 열심히 일할 때는 노동시간을 늘린다. 하루 8시간 일하다가 10시간, 12시간 일을 하면 더 열심히 일하는 것이다. 하지만 자산가는 그런 식으로 더 일하지 않는다. 자기가 가진 돈을 더 투자하는 방식으로 일한다. 사람을 더 고용하고, 기계를 더 사고, 사업체를 더 만들고 하는 식이다. 자산가가 사람들을 더 고용하니 일하는 사람이 늘어난다. 자산가가 기계를 더 사니 기계를 만드는 사람도 늘어난다. 사업체가 늘어나면서 새로운 상품도 늘어난다. 그러면서 자본주의가 발달하고 현대 경제가 만들어진다. 포인트는 자산가가 그냥 놀고먹지 않고, 예술이나 학문 등 자기 취미에만 몰두하지 않고, 자기 돈을 들여 사업체들을 만드는 것이다. 경제가 발달하느냐 정체하느냐에서 가장 중요한 건 자산가들이 자기 돈을 투자해서 사업을 하려 하느냐, 아니면 그냥 놀고먹으려 하느냐다.

그래서 자본주의 경제정책의 요지는 '투자하기 쉽게', '사업하기 쉽게'다. '부자가 돈을 더 벌 수 있게'가 아니다. 아무리 부자가 돈을 많이 벌어도 그 돈으로 사업을 더 크게 하지 않고 놀고먹으려 들면 소용이 없다. 이전에 경제에서 낙수효과가 중요하게 다뤄진 적이 있었다. 부자가 돈을 쓰면 보통 사람, 가난한 사람들의 소득이 늘어난다는 이론이다. 이명박 정부는 이 이론에 근거해서 부자들을 위한 정책을 폈다. 그래서 부자는 더욱더 부자가 되었는데 막상 중산층, 저소득층의 소득은 늘지 않았다. 이제 낙수효과는 더 이상 작용하지 않는다고 보았고 이명박 정부는 엄청 욕을 먹었다.

그런데 내가 이제 보니 낙수효과가 작용하지 않은 이유가 따로 있었다. 부자가 돈을 번 다음에 그 돈으로 투자를 해야 한다. 그래야 낙수효과가 발생한다. 단지 부자들의 소비만 늘면 낙수효과가 발생하지 않는다. 부자들이 소갈비를 많이 먹으면 그만큼 삼겹살 소비가 줄어든다. 고급차를 더 많이 사면 그만큼 일반차를 덜 산다. 소비증진 효과가 별로 없다. 진짜 낙수효과는 몇십억 원을 들여 사업체를 새로 만들고 사람들을 고용할 때 생긴다. 그런데 이명박 정부 때부터 우리나라는 골목상권 보호, 중소기업 보호 등을 위해 부자들이 새로운 사업을 하는 걸 막았다. 그러니 낙수효과가 생길 리가 없는 거였다.

이 시스템을 나는 몰랐다. 경제학과를 졸업했고, 투자가 중요하다는 이론을 이야기하고, 또 경제정책 전공이면서도 이걸 몰랐다. 정부가 정책을 시행하면 기업들이 싫어하면서도 어쨌든 그대로 따를 것으로 생각했지, 그냥 사업을 하지 않는 방안이 있다는 걸 몰랐다. 샐러리맨, 자영업자에게는 일하는 게 필수이지만, 자산가에게는 선택이라는 것, 그리고 그 자산가가 어떤 선택을 하는지가 경제에 굉장히 중요하다는 걸 몰랐다. 경제를 움직이는 건 일반 직장인들, 근로자들이 얼마나 일을 열심히 잘하는지, 그리고 정부의 경제정책이 얼마나 잘되느냐에 달려 있다고만 생각했다.

이제는 어떤 나라의 경제가 좋아질지, 어떤 나라의 경제가 발전하기 힘들지를 나름대로 말할 수 있게 되었다. 돈 많은 자산가가 투자하기 좋은 환경, 사업하기 좋은 환경을 제공하는 나라가 좋아진다. 돈 많은 자산가가 사업하기 힘들게 하는 나라는 어려워진다. 그런 점에서 볼 때 중국은 어려워질 것이다. 지금 중국은 돈 많은 부자를 '때려잡고' 있고, 회사를 사업가 마음대로 운영하지 못하게 하고 있다. 한국도 어려워질 거라 본다. 사업을 하다가 문제가 되면 경영자가 감옥에 가도록 하는 규제가 점점 많아진다. 과태료가 아니라 벌금, 징역 등 형사처벌이 점점 늘어나고 강화되고 있다. 감옥에 갈 것을 감수하고 사업을 하려는 자산가는 없다. 일본도 한계가 있다. 일본은 기존 기업들은 잘 보호하는데, 새로운 사업자가 큰돈을 들여서 새로 사업을 시작하기는 어렵다.

가장 미래가 밝은 나라는 미국이었다. 미국이 어쩌고저쩌고 해도 사업하기 가장 좋은 나라다. 특히 새로운 사업을 하기 가장 좋은 나라가 미국이었다. 미국의 힘이 여기에서 나오는 거였구나를 알게 된다.

경제발전과 관련해서 몇십 년간 가져온 나의 경제관이 완전히 부서지고 새로운 경제관이 만들어졌다. 내가 파이어족이 되고 나서, 그리고 몇십억 원의 자산을 가지고 나서 얻게 된 가장 큰 시각의 변화였다.

일상생활에 대한 통제력

내가 원하는 대로 시간 보내기

파이어족이 되고 나서 제일 좋은 점이 무어냐고 누가 물어보면 첫 번째 대답은 싫은 일 하지 않아도 되기다. 두 번째는 내가 정말로 좋아하는 게 무언지 알게 된다는 점이다. 세 번째는 지금 우리가 살고 있는 경제 시스템에 대한 이해가 늘어나고, 자본주의에 대한 관점이 달라졌다는 점이다. 이 세 번째는 다른 사람에게는 별로 중요하지 않은 일일 수 있다. 하지만 경제학 전공인 나로서는, 그리고 투자를 하는 나로서는 굉장히 중요한 점이었다.

그런데 파이어족이 돼서 뭐가 좋으냐는 상대방의 질문은 여기서 그치지 않는다.

"그래 그 세 가지 하고, 또 뭐가 있어?"

여기서부터가 문제다. 위 세 가지는 내가 언제든 당당하게 말할 수 있는 파이어족이 되고 나서의 좋은 점이다. 그런데 이거 말고 또 뭐가 있나? 스스로에게 물어본다. 그런데 별로 생각나는 게 없다. 파이어족이 돼서 좋은 게 뭐지? 이전 생활에 비해 더 나아졌다고 생각되는 게 뭐지?

별로 없다. 파이어족이 되는 건 그냥 생활 패턴이 달라진 것일 뿐이다. 매일매일 직장에 가서 업무를 하는 삶에서 그런 일을 더 이상 하지 않아도 되게 되었을 뿐이다. 많이 변한 것 같은데 막상 보면 별로 변한 게 없다. 사실 직장 생활은 평생 하는 게 아니다. 학교를 졸업하고 나서 은퇴하기 전까지, 한 30년간 하는 일일 뿐이다. 인생 80년이라고 하면 직장을 다니지 않으면서 일하지 않고 사는 기간이 오히려 더 길다. 인생 100년이면 일하면서 사는 기간이 훨씬 더 짧다. 직장일을 하지 않는 게 긴 인생에서 볼 때 별로 특별한 일이 아니다. 직장일을 하지 않는다고 해서 삶 전체가 크게 달라질 일은 없다는 뜻이다.

솔직히 대답한다.

"이 세 가지 말고는 별로 없는 거 같은데…."

그럼 보통 이런 반응이 온다.

'파이어족이 되어도 특별히 좋은 건 없구나.'

싫어하는 일을 하지 않아도 된다는 점은 좋다고 한다. 그런데 직장에서 싫어하는 일을 하는 게 문제라고 해도, 대부분의 사람은 그 직장일을 정말로 못 버틸 정도로, 더 이상 하기 힘들 정도로 싫어하는 건 아니다. 싫어하기는 하지만 그래도 참고 지낼 수 있다.

사람들이 파이어족이 되기를 원하는 것은 단지 싫어하는 일, 직장일을 하지 않아도 되기 때문이 아니다. 맘대로 살고, 맘대로 쓰고, 맘대로 여행 다니는 삶을 바라는 것이다. 이건 파이어족 생활이 아니다. 진짜 큰 부자의 생활이다. 사람들은 파이어족이 큰 부자인 것으로 생각한다. 하지만 아니다. 파이어족은 단지 일하지 않아도 살아갈 수 있다는 것이지, 맘대로 돈을 쓰며 생활할 수 있다는 건 아니다. 파이어족의 일상생활은 그냥 직장을 다닐 때와 별로 다르지 않다.

'파이어족이 되어도 좋은 점이 별로 없네'라는 반응이 오면 난 뭔가 좋은 점을 더 말해야 될 것 같은 느낌이 든다. 그리고 찾는다. 파이어족이 돼서 좋은 점이 또 뭐가 있을까. 그러다 하나의 대답을 더 찾아낸다.

"하루하루를 내가 원하는 대로 보낼 수 있다는 것도 좋은 점이지."

사람들이 행복해지는 데 필요한 것은 여러 가지가 있다. 현대의 행복 연구에서 행복감에 가장 큰 영향을 미친다고 보는 것은 자기 일에서의 성과, 주변 사람들과의 관계 등이다. 그리고 그다음으로 중요하다고 여겨지는 것 중 하나가 통제감이다. 자기가 주변 상황을 통제할 수 있다는 느낌, 자기가 현재 상황에서 주도적인 위치에 있다는 느낌이 행복에서 중요하다. 상황을 통제한다는 건 내가 자율적이라는 의미다. 내가 어떻게 하느냐에 따라 상황이 달라질 수 있고, 내가 어떤 선택을 하느냐가 내 삶을 결정한다. 이럴 때 사람은 적극적이 되고 자유 인간이 된다.

반대로 내가 할 수 있는 일이 없고 주변에서 모든 것을 결정한다고 하면 무기력해진다. 다른 사람들의 결정에 의해 내 운명이 결정되고, 사회 환경에 따라 나의 상황이 정해진다. 이때 나는 소극적이 되고 그냥 기다리기만 할 수 있을 뿐이다. 주위에 끌려가기만 할 뿐이라는 느낌, 이런 상태에서도 그런대로 살아갈 수는 있지만 행복은 느끼기 힘들다.

파이어족이 되면 모든 게 나의 결정이다. 몇 시까지 회사에 와야 한다, 몇 시까지 회사에 있어야 한다, 무슨 일을 해야 한다, 휴가는 언제부터 언제까지다 등등의 제약이 없다. 내가 일하고 싶은 날이 일하는 날이고, 내가 쉬고 싶은 날이 쉬는 날이다. 아침에 일어나 등산을 가고 싶으면 등산을 가면 되고, 연극이 보고 싶으면 연극을 보면 된다. 길거리 카페에 앉아 오가는 사람들을 보고 싶으면 그렇게 하면 되고, 자전거를 타고 한강에 가고 싶으면 자전거를 타고 나가면 된다. 그날 하루를 어떻게 보낼지, 한 달을 어떻게 보낼지를 자기가 스스로 결정하면 된다. 완전한 자유, 그로 인한 자기 생활에 대한 통제감이다. 이 통제감이 자기 삶에 대한 만족도와 행복감을 높여줄 수 있다.

자기 생활을 다른 사람의 제약 없이 자기 스스로 정할 수 있다는 것은 분명 굉장히 큰 특권이다. 그런데 왜 난 이걸 파이어족이 돼서 좋은 점으로 처음부터 이야기하지 못했을까.

파이어족이 되고 나서 처음에는 하루하루 새롭게 할 일을 정하고 시간을 보냈다. 하루는 여행을 가고, 하루는 자전거를 타고, 또 하루는 서점을 가고, 또 하루는 뮤지컬을 보는 식이다. 그날그날 하고 싶은 일을 하는 생활이다. 좋은 것 같은데 이런 생활은 오래가지 못했다. 뭔가 새로운 일을 하기 위해 계획하는 건 굉장히 에너지를 소모하는 일이다. 보통 사람들이 새로운 계획을 짜는 일이 얼마나 될까? 여행을 갈 때 계획을 짜는 일, 아니면 뭔가 새로운 일을 시작하려 할 때 계획을 짜는 일 정도다. 그런데 여행 계획을 짤 때 얼마나 에너지를 소비하나. 어디를 갈지, 어디서 자고 먹을지를 광검색을 하면서 찾는다. 이런 건 어쩌다 하는 거다. 매일매일 이렇게 뭘 할지를 검색하고 계획을 짜면 피곤해진다. 뭔가 새로운 일을 시작하는 것도 마찬가지다. 새로운 일을 시작하는 건 굉장한 에너지가 필요하다. 미리 준비하는 것도 만만찮다. 보통 사람들은 1년에 새로운 일 하나 시도하기도 힘들다. 그만큼 에너지가 많이 소모된다.

매일, 매주, 매달 오늘은 뭘 할까, 이번 주는 뭘 할까, 이번 달은 뭘 할까 계획하고 준비하고 또 실행하는 삶을 생각해보라. 자기 삶을 스스로 결정한다는 측면에서 행복하기는 하겠지만, 매일 이러고 살면 지친다. 처음에는 이런저런 것들을 새로 시도하지만 곧 패턴이 정해진다. 오전에는 뭘 하고, 오후에는 뭘 하고, 저녁에는 뭘 하고, 또 일주일에 한 번은 뭘 하고 등등의 루틴이 정해진다. 그러면 그다음부터는 그냥 그 루틴대로 산다. 처음 루틴을 만들 때는 자율성, 통제성이 있기 때문에 행복했을지 모른다. 하지만 그날그날의 루틴이 만들어진 다음에는 그런 자율성에 의한 행복감은 느끼기 힘들어진다. 그냥 하루하루의 '루틴'한 생활일 뿐이다.

그래서 파이어족이 되고 2년이 지난 지금은 그 자율성, 스스로에 대한 통제감의 기쁨을 잘 느끼지 못하는 것 같다. 익숙해지니 잊어버리게 된 것일 거다. 어쨌든 지금은 일부러 생각하지 않으면 떠오르지 않는다. 자기 생활에 대한 통제감은 그런 한계가 있다.

부자가 어떤 사람들인지 알게 되다

파이어족이 되고 나서 알게 된 것 중 하나는 부자가 어떤 사람들인지 알게 되었다는 점이다. 부자는 어떤 사람들일까? 부자가 어떤 사람인지는 누구나 쉽게 알 수 있다. 돈이 많은 사람이다. 그런데 돈이 얼마나 많이 있어야 부자인 걸까?

보통은 소득을 기준으로 부자를 구분한다. 연봉이 억대가 되면 부자인 거로 생각한다. 과거에는 연봉 1억 원이면 엄청나게 버는 부자였다. 지금은 연봉 1억 원 넘는 경우가 많아져서 연봉 1억은 잘살기는 하지만 부자라고까지는 하지 않는다. 연봉 2억 원 정도는 되어야 부자라고 말할 수 있을 것이다. 연봉 2억 원은 국세청 소득 순위 상위 1% 정도다. 상위 1%이니 충분히 부자라고 말할 수 있을 것이다.

하지만 막상 연봉 1억, 2억 원 받는 사람은 본인이 부자라고 생각하지 못한다. 나도 직장에서 연봉 1억은 되었다. 학교에서 받는 연봉 자체는 1억 원이 되지 않았지만 프로젝트 등에서 부가 수입이 있어 연봉 1억 원은 넘었다. 그러나 이 정도 돈을 벌면서도 스스로 부자라는 자각은 들지 않았다. 매일 직장을 다니지 않고 프로젝트를 하지 않으면 생활이 유지될 수 없다. 일을 그만두면 순식간에 소득이 없어지고 굶지 않을까 걱정해야 한다. 그런 상태에서 내가 부자라는 생각이 들 리가 없다. 현재 연봉이 얼마가 되든 직장을 그만두고 나면 살아갈 길이 막막한 경우에는 부자가 될 수 없다. 연봉은 제대로 된 부자의 척도가 아니다.

사람들이 건물주가 되기를 바라는 건 그 때문이다. 건물주가 되면 매달 꼬박꼬박 월세를 받을 수 있다. 일을 하지 않아도 충분히 살아갈 수 있다. 건물주가 아니더라도 상가든 오피스텔이든, 아니면 배당주든 일하지 않아도 들어오는 수입이 충분히 있으면 부자일 것이다.

하지만 나는 이런 건물주는 진정한 부자로 보지 않는다. 주위에 몇십억 원짜리 건물을 가진 사람이 있다. 매달 월세가 몇백만 원 들어온다. 이러면 충분히 부자인 것 같다. 그런데 막상 본인의 삶은 부자의 생활이 아니다. 매달 쓸 수 있는 돈이 월세로 들어오는 몇백만 원이다. 명품도 살 수 없고 포르쉐 같은 스포츠카도 살 수 없다. 고급 레스토랑에서 몇십만 원짜리 식사도 어렵다. 그런 걸 했다간 그달 생활비가 부족하게 된다.

총자산은 많다. 몇십억 원짜리 건물을 가지고 있으니 분명 부자인 건 맞다. 하지만 쓸 돈이 없다. 가난한 건 아니지만 보통 사람들과 똑같은 생활이다. 월세로 1,000만 원 이상 들어온다면 부자의 삶을 살 수도 있을 것이다. 하지만 월 1,000만 원 이상의 월세 수입을 계속 받으려면 30~40억 원 수준의 건물로는 어림도 없다. 세금, 운영비용 등을 제외하고 월 1,000만 원 이상의 순수입을 얻으려면 50억 원은 훨씬 넘는 부동산을 소유해야 한다. 월세 수입만으로 부자의 삶을 사는 건 쉽지 않다.

그래서 금융기관에서는 부자를 산정할 때 부동산은 제외한다. 국제적으로는 보통 현금성 자산 100만 달러 이상을 가지고 있을 때 부자로 본다. 한국에서도 부자의 기준은 자기가 거주할 부동산을 가지고 있으면서 현금성 자산 10억 원이 있는 경우이다. 금융기관이 현금성 자산을 기준으로 하는 건, 현금성 자산이 있는 경우에나 금융기관의 고객이 될 수 있기 때문이기도 하다. 부동산만 있고 현금이 없는 부자는 아무리 금융기관이 투자 조언을 하고 금융상품을 소개해도 가입할 돈이 없다.

난 2018년경에 20억 원의 순자산이 달성되었다. 그런데 그 대부분이 부동산이었다. 월세 수입은 있다. 하지만 내 월급에 훨씬 못 미치는 수준이다. 20억 원의 자산이 있어도 내 생활은 별로 달라지는 게 없었다. 직장을 그만두면 생활수준이 수직 낙하하는 건 20억 원이 생기기 전이나 후나 별 차이 없다. 부동산으로 자산이 많은 건 소용없다. 현금성 자산이 많아야 한다는 걸 알게 된다.

이후 현금성 자산을 늘리는 걸 목표로 했다. 현금성 자산이 많아야 생활이 달라지고, 진짜 부자 같은 생활을 할 수 있다. 그리고 운대가 맞아서 직장을 다니지 않아도 될 만큼의 현금성 자산이 만들어졌다. 내가 직장을 그만두고 파이어족을 선택할 수 있었던 건 부동산 자산 때문이 아니다. 현금성 자산이 충분히 쌓였다고 생각해서 파이어족이 된 것이다. 부동산 30억 원, 금융 자산 20억 원. 이게 내가 직장을 그만두었을 때의 자산 상태였다.

나는 내가 부자가 된 줄 알았다. 50억 원이면 '누가 부자인가'에 대한 어떤 기준을 적용해도 부자다. 금융자산이 10억 원 이상이 있어야 한다는 기준도 넘고, 일하지 않아도 먹고살 수 있다는 기준도 충족한다. 그런데 파이어족이 되고 나서 좀 생활하다 보니 알게 된다. 이 정도 돈으로는 절대 제대로 된 부자라고 말할 수 없었다.

부자의 정의를 다시 생각해보자. 연봉이 얼마냐, 재산이 얼마냐는 건 제쳐두고, 오래전부터 내려온, 그리고 한국만이 아니라 세계 각지에서 인정되는 부자의 기준은 무얼까? 일단 일하지 않아도 먹고살 수 있는 사람이다. 일해야만 살아갈 수 있다면 부자라고 말하기 어렵다.

파이어족, 부동산 월세 생활자, 연금 수입자 등은 모두 일하지 않아도 살아갈 수 있는 사람들이다. 그런데 이들이 부자인가 하면 그렇지는 않다. 일하지 않아도 살아갈 수 있다는 건 부자의 첫 단계다. 그다음 단계가 있다. 돈에 구애받지 않고 살 수 있는 사람이다. 돈에 구애받지 않고 자기가 하고 싶은 대로 살아갈 수 있는 사람이 진짜 부자다.

갈빗집에 가서 한우 꽃등심이 1인분에 10만 원일 때, "이거 비싸서 안 되겠다. 5만 원짜리 보통 등심으로 먹자"라고 한다면 부자가 아니다. 한우 꽃등심보다 그냥 한우 등심이 더 먹고 싶어서 한우 등심을 골랐다면 괜찮다. 하지만 가격 때문에 한우 등심을 골랐다면, 그러니까 가격이 의사결정에 영향을 미쳤다면 그건 진짜 부자가 아니다. 가격과 관계없이 그냥 자기가 하고 싶은 일을 하고 먹고 싶은 것을 먹을 수 있는 게 부자다. 초특급 호텔에서 묵고 싶으면 초특급 호텔에서 묵고, 펜션에서 자고 싶으면 펜션에서 자고, 텐트에서 자고 싶으면 텐트에서 잘 수 있어야 한다. 초특급 호텔에서 자고 싶지만 가격이 너무 비싸서 펜션을 선택한다면 부자는 아닌 거다.

나는 일은 하지 않아도 살아갈 수 있게 되었다. 하지만 돈에 구애받지 않고 마음대로 선택할 수 있게 되었느냐 하면 그건 아니다. 선택할 때 가격을 고려해야 한다. 너무 비싼 건 사지 말아야 한다. 사고 싶은 것, 하고 싶은 것을 그냥 다 마음대로 했다간 나중에 생활비가 부족해지는 현상이 벌어질 거다.

그제야 그동안 들어온 부자들의 이야기가 이해가 되었다. 우리는 몇십억 원 정도 있으면 충분히 부자인 것으로 본다. 그런데 막상 금융기관들의 부자들에 대한 의식조사를 보면, 몇십억 원을 가진 사람들은 자신을 부자라고 생각하지 않았다. 100억 원은 있어야 부자인 것으로 생각한다. 또 몇백억 원 가진 자산가들도 100억 원은 넘어야 부자라고 이야기한다. 이들이 생각하기에 몇십억 원짜리 부자는 부자가 아니었다.

하지만 이러한 사실을 지식으로는 알고 있었지만 공감은 잘 되지 않았다. 40~50억 정도 되면 충분히 부자가 아닌가. 그런데 이 금액이 되어 보니 알겠다. 이 정도 금액으로는 일하지 않고 살아갈 수는 있을지 몰라도, 돈에 구애받지 않고 소비하고 활동하는 데는 어림도 없다. 항상 돈에 얽매이는 생활이다. 100억 원은 되어야 돈을 의식하지 않고 생활할 수 있다. 이때부터가 진짜 부자인 셈이다.

그런데 그 100억 원도 몇 년 전 이야기인 것 같다. 그동안 부동산 값이 오르고 물가가 올라서, 이제는 100억 원 가지고도 그런 생활이 안 되는 것 같다. 지금은 200억 원은 되어야 돈에 구애받지 않는 생활이 가능하다고 한다.

어쨌든 이제는 알게 된다. 일하지 않아도 되는 부자와 돈에 구애받지 않는 생활을 하는 부자는 그 수준이 다르다. 나는 일하지 않아도 살 수 있게 되기는 하였지만, 진짜 부자가 되기는 아직 한참 멀었다. 그걸 파이어족 생활을 시작하고 난 후에야 알게 된다.

4장

파이어족이 되고 나서
나쁜 점

혼자 있기

파이어족이 되고 나서 조금 시간이 지나면, 그러니까 은퇴를 하고 나서 시간이 좀 지나면 혼자 있는 시간이 굉장히 늘어났다는 걸 알게 된다. 아니 사실은 외부와 특별히 약속을 하지 않으면 대부분의 시간을 혼자 보낸다.

우리는 모두 학생 시절을 보낸다. 학생 시절에는 한 반에 몇십 명이 같이 있다. 친구들하고 잘 노는 학생이 있고, 그냥 혼자 지내는 학생도 있다. 이때 혼자 지내기는 하지만, 그래도 어쨌든 한 공간에 다른 사람들이 있다. 알게 모르게 다른 사람들과 부닥치며 지낸다.

일을 하면 어떻게든 다른 사람들과 연결이 된다. 직장을 나가면 다른 사람들과 같이 일을 한다. 자기 업무는 자기 혼자 하는 일이라고 해도 다른 사람들과 같은 공간에 있다. 직장에 나갈 필요 없이 재택근무를 한다고 해도 어쨌든 다른 사람의 지시를 받고 다른 사람에게 보고는 한다. 물리적으로 다른 사람을 만나지 않을 뿐이지 다른 사람들과 연결이 된다. 1인 기업 사장으로 있으면 혼자 있기는 한다. 하지만 1인 기업을 유지하기 위해서는 다른 사람에게 물건을 팔거나 서비스를 제공해야 한다. 불특정 다수이기는 하지만 그런 방식으로라도 다른 사람과 계속 연결된다.

그런데 파이어족이 되면 그런 관계가 모두 사라진다. 파이어족이 되고 난 다음에 만나는 사람은 가족, 친지 그리고 전부터 알고 지낸 친구들밖에 없다. 그 외의 관계는 모두 끊어진다고 보면 된다. 자기는 직장 사람들과의 관계가 좋아서 그만둔 후에도 계속 만나게 될 거라고? 물론 그럴 수는 있다. 하지만 그런 사람들과 만나고 연락하는 시간이 얼마나 될까? 아무리 많아도 한 달에 한두 번 정도일 거다. 한 달은 30일이다. 그중 하루이틀은 이전 일과 관련된 사람을 만난다. 나머지 28일은 혼자 지낸다. 이 정도면 그냥 혼자라고 봐야 한다.

친구와 친지는 계속 보기는 한다. 그런데 파이어족이 되었다고 해서 만나는 빈도가 늘어나는 것은 아니다. 그동안 내가 자주 만나고 싶었는데 내가 시간이 안 돼서 못 만났던 친구라면 파이어족이 된 다음에 더 자주 만날 수 있다. 그런데 생각해보

라. 내가 더 자주 만나고 싶었는데 시간이 없어서 자주 만나지 못한 친구가 얼마나 되나? 나만 시간이 된다고 만날 수 있는 것도 아니다. 상대방도 시간이 있어야 한다. 내가 친구와 만나 노닥거리고 싶다고 만날 수 있는 게 아니다. 상대방도 일하지 않고 그냥 노닥거릴 시간이 있어야 한다.

그동안 한 달에 한 번 만나던 친구였다면, 이제는 한 달에 두 번은 만날 수 있을 것이다. 하지만 일주일에 한 번 정도로 그 빈도가 늘어나지는 않는다. 친구는 일을 해야 한다. 어쩌다 한 번 나와 만나 스트레스를 풀 수는 있어도 매일 나와 놀아줄 수 있는 건 아니다. 친구는 계속 어쩌다 한 번 만날 뿐이다.

그럼 가족은? 여자가 나이 들어 겪는 불행 중 하나가 남자가 퇴직하고 집에만 있는 거라는 이야기가 있다. 남자가 계속 집에 있으면 매일 세끼 식사를 차려줘야 하는 등 일이 늘어나고, 집을 어지럽히기만 할 뿐이다. 그리고 자녀들이 있어도 아주 어리지 않는 한 아이들도 자기들의 생활이 있다. 나와 노닥거려줄 시간은 없다. 집의 가족은 그냥 집에 같이 있다는 것뿐이다. 같이 한다면 청소, 설거지, 빨래 등이다. 나머지는 그냥 우두커니 집에 있을 뿐이다. 사람들과 만난다는 느낌은 없다.

결국 파이어족이 되면 혼자 있게 된다. 다른 사람을 만날 일이 있다 해도 잠깐일 뿐이다. 직장을 다니거나 일을 하면 직접적으로든 간접적으로든 하루 8시간 이상, 한 달에 20일 이상, 일년에 240일 이상 다른 사람과 얽힌다. 그러나 파이어족이 되면 다른 사람과 만나는 시간이 많아야 한 달에 몇 번이다. 물론 자기가 나가서 무언가 일을 벌인다면 사람들을 만날 수 있다. 그러나 그렇게 뭔가 일을 하면 그건 이미 파이어족이 아니지 않나. 일이 아닌 취미, 교류만으로는 사람들과 지속적으로 만나기 힘들다. 일은 다른 사람들과 얽히는 주된 통로였다. 일을 할 때 다른 사람들과 만날 일이 생기는 것이지, 일이 아니면 다른 사람들과 지속적으로 만나지 못한다. 일이 돈 버는 것 말고 이런 기능이 있다는 걸 파이어족이 되고 난 다음에 느끼게 된다.

파이어족이 되면 분명 혼자 있는 시간이 꽉 늘어난다. 사실 대부분의 시간을 혼자 지낸다. 그럼 이건 개인에게 좋은 일일까, 안 좋은 일일까? 어느 정도 혼자 지내는 시간이 있는 건 좋다고 본다. 하지만 대부분의 시간을 혼자 있는 건 안 좋다. 이건 정신건강에 정말 안 좋다.

내가 혼자 지내는 것에 익숙하지 않아서 이렇게 혼자 있는 것에 대해 부정적으로 인식하는 것일까? 아니다. 나는 교수였다. 교수는 처음 임용될 때부터 독방을 준다. 일주일에 12시간 정도 강의가 있고, 회의도 좀 있다. 나머지 시간은 모두 방에 혼자 있다. 혼자서 책 보고 글 쓰고 그렇게 지낸다. 교수만큼 혼자 있는 것에 익숙한 직업도 드물 것이다. 그리고 교수는 학생 때부터 공부를 많이 해야 할 수 있는 직업이다. 고등학교, 대학교, 석사, 박사 모두 공부하며 지낸다. 그리고 공부는 혼자 하는 것이다. 팀을 짜서 스터디를 한다 해도, 결국은 혼자 해야 한다. 교수는 평생 혼자 무얼 하는 것과 혼자 지내는 것에 익숙해져 있다. 그런데 달랐다. 박사과정생이든 교수든 혼자 있다고 해도 어쨌든 다른 사람과 연결은 된다. 하지만 파이어족은 다른 사람과 연결이 없으면서 혼자 있는 거다. 진짜 혼자다.

진짜 혼자 있게 되면 어떤 일이 벌어질까? 처음에는 일 안 해서 좋다, 다른 사람 신경 안 써도 되니 좋다, 푹 쉬어서 좋다, 혼자 하고 싶은 일 해도 되니 좋다는 느낌이 든다. 그런데 그게 일주일, 한 달을 지나 몇 달이 되면? 오는 전화도 없고 만나는 사람도 없고 그런 식으로 혼자 한 달 이상을 지내게 되면? 어느 순간 종일 말 한마디 안 하고 하루를 지내는 자신을 발견하게 된다. 매일 유튜브 영상을 보거나 온라인 게임만 하는 자신을 보게 된다. 그리고 상상의 나래가 펼쳐지기 시작한다. 사회 현실과는 아무 상관이 없는, 자기만의 상상의 세계에 빠져든다. 사회에서 도피자라고 불리는 사람들, 은둔형 외톨이, 일본의 히키코모리다.

뭐 이런 삶이 꼭 나쁘다고 보는 건 아니다. 본인이 좋다고 생각해서 이런 삶을 선택했다면 그것도 좋다. 그러나 파이어족이 되는 사람은 분명 이런 삶을 생각하고 파이어족이 된 게 아니다. 보다 자유롭고 자기만의 삶을 살려고 파이어족이 된 거지, 은둔형 외톨이가 되려고 이를 선택한 게 아니다. 하지만 파이어족이 되어 혼자만 지내다 보면 저절로 은둔형 외톨이의 삶을 살게 된다. 사람들과 만나지 않고 접촉하지 않으면 저절로 그렇게 된다.

파이어족이 되고 좀 지나서 혼자 있기의 부작용을 느낀다. 나는 파이어족이 되면서 연구소를 만들었고 매일 사무실을 간다. 그리고 사무실에 종일 혼자 있는 것도 아니다. 직원 한 명이 있다. 대화할 일은 없지만 어쨌든 얼굴을 보긴 본다. 그럼에도 혼자 있기의 부작용이 느껴지기 시작한다. 이대로 계속 혼자 지내다간 정신이 망가지고 힘들어질 거다.

그걸 느끼고부터는 계속해서 사람 사이의 관계를 만든다. 관계라고 해서 새로 사람을 사귀고 하는 건 아니고, 어쨌든 연결 있는 관계를 만든다. 학원을 가면서 선생과 학생들을 계속 보거나, 운동을 하면서 사람들과 만나는 식이다. 친한 관계, 공식적인 관계는 아니더라도, 어쨌든 계속 보는 사람은 있어야 했다. 그리고 알게 된다. 나는 혼자 있는 것에 굉장히 익숙한 사람이다. 혼자 있어도 외로움을 느끼지 못하는 사람이다. 그런데도 파이어족으로 혼자 있는 건 위험해 보인다. 혼자 있는 것에 익숙하지 않은 사람이 파이어족이 되어 혼자 지내게 되는 건 정말 쉽지 않은 일이다. 그래서 많은 파이어족이 파이어족이기를 포기하고 다시 일하기를 선택하는 것이리라.

모든 문제는 나의 선택, 나의 책임

직장을 그만두었다. 이제 더는 아침부터 저녁까지 업무를 할 필요가 없다. 내가 하고 싶은 일을 마음대로 할 수 있다. 그리고 무엇보다 중요한 건 이제 다른 사람에게 잘 보일 필요가 없다. 고과 평가에서 높은 점수를 받으려고 노력할 필요도 없다. 그냥 하고 싶은 대로 하면 된다.

우리는 알게 모르게 다른 사람의 평가에 너무 익숙해져 있다. 우선 학교에서는 성적 평가가 있다. 성적이 좋으면 칭찬을 받고 성적이 나쁘면 칭찬을 못 받는다. 학생 때는 성적을 좋게 받기 위해 노력해야 한다. 또 성적만이 아니라 다른 학우들하고 어떻게 지내는가도 평가를 받는다. 반 친구들과 잘 지내면 '인싸'가 되고, 친구들과 잘 지내지 못하면 '아싸'가 된다. 직장을 다닐 때도 마찬가지다. 성과 평가가 있고 그 평가를 잘 받기 위해 노력해야 한다. 크게 노력하지 않는다 하더라도 최소한 최하 점수는 면하려고 한다. 또 주변 사람들에게 좋은 평가를 받으려 노력한다. 그렇게 노력한다고 해서 정말로 좋은 평가를 받느냐는 별개로 치고, 어쨌든 나쁜 평가를 받고 기분 좋은 사람은 없다. 계속해서 다른 사람의 평가를 의식한다.

파이어족이 되면 그런 굴레에서 벗어난다. 이제는 누가 나를 평가할 사람이 없다. 평가는 조직에서 조직 내 사람을 평가하는 것이다. 파이어족은 조직에 속하지 않는다. 그러니 더 이상 평가를 받지 않는다. 또 주변 사람들하고 잘 지내야 한다는 무언의 압박도 없다. 주변 사람하고 잘 지내면 인싸, 잘 못 지내면 아싸가 되는 게 아니다. 그냥 친한 사람하고만 지내면 된다. 업무상 어울려야만 하는 사람이 없기에 인싸든 아싸든 아무 상관이 없다. 내가 어떻게 해도 뭐라 할 사람이 없다.

좋은 것 같다. 이러고 싶어서 직장을 그만두고 파이어족이 되고 싶은 거 아니겠나. 그런데 그렇게 마음대로 지내다 보면 이게 그렇게 좋은 것만은 아니라는 걸 알게 된다. 이제 모든 것은 자신이 하고 싶은 대로, 내가 원하는 대로 할 수 있다. 거기까지는 좋다. 문제는 그다음이다. 이제는 어떤 결과가 나오든 그건 모두 내 책임이다. 내가 하지 않아서 문제인 것이고, 내가 못해서 문제다. 모든 게 나 때문이다. 잘된 게 나 때문이라고 생각하면 참 행복하다. 그런데 세상일이라는 게 잘되는 것보다는 잘 안 되는 게 더 많다. 잘 안 되는 건 모두 내가 잘하지 못해서다. 파이어족이 되면 나에게 일어나는 모든 일이 내 책임이라는 자각을 하게 된다. 이게 굉장히 기분이 안 좋다.

난 영어를 잘하고 싶었다. 한글책을 읽는 것처럼 영어책을 읽고 싶었다. 그러려면 영어 공부를 많이 해야 한다. 그런데 영어 공부를 제대로 하지 못했다. 왜 못 했나? 시간이 없었다. 아침부터 저녁까지 일을 해야 하는데 영어 공부를 제대로 할 시간이 어디 있나? 밤에 하면 되지 않냐고? 몸을 쓰는 취미 활동이라면 모를까, 정신을 써야 하는 영어 읽기를 밤에 할 수 있나? 밤에는 정신력이 최하로 떨어진다. 이때는 좀 어려운 책도 읽기 힘들다. 그런데 그런 밤 시간에 어떻게 영어책을 읽나?

그래도 어떻게 시간을 내서 영어 공부를 한다 해도 막상 공부할 수 있는 시간은 하루 한두 시간 정도밖에 안 된다. 그 정도로는 한글책 읽는 것처럼 영어책을 읽는 건 평생 해도 불가능하다.

나는 영어 공부를 제대로 하고 싶다. 하지만 시간이 안 되고 여건이 안 된다. 그런 변명을 하면서 지금껏 지내왔다. 그런데 파이어족이 되고 나서는 그런 변명이 안 통한다. 직장을 그만두고 하루 전체를 내 마음대로 쓸 수 있는데 시간이 없어서 못 한다는 핑계는 더 이상 대기 어렵다. 지금 영어 공부 시간이 늘지 않는 건 다른 것 때문이 아니다. 오로지 나 자신이 하지 않기 때문이다. 내가 의지가 부족하고 열심히 하지 않아서다. 모든 게 나 때문이다. 이전에는 영어를 못하는 원인을 주변 환경 때문이라고 이야기할 수 있었다. 하지만 이제는 그렇게 말할 수 없다. 내가 못나서 못하는 거다.

내가 잘못해서 문제인 게 영어 하나로 그치면 얼마나 좋을까? 그런데 내 책임은 영어 하나로 그치지 않는다. 생활 전체에서 발생하는 모든 일이 다 내 책임이다. 왜 투자에서 돈을 더 못 버나? 이전에는 학교 일 하느라고, 논문 써야 해서 등등으로 핑계를 낼 수 있었다. 하지만 이제는 아니다. 투자에서 돈을 더 벌지 못하는 이유는 내 능력이 안 되어서다. 내가 못해서다.

골프를 몇 년 동안 하는데 왜 아직 '100돌이'인가? 왜 아직 초보자 수준을 벗어나지 못하나? 골프 칠 시간이 부족해서라는 변명을 할 수 없다. 내가 열심히 하지 않아서 그렇다. 아니면 내가 운동신경이 워낙 없는 몸치라서다. '다른 일로 바빠서'는 파이어족이 할 수 없는 변명이다. 시간이 없다는 것 말고 다른 하나의 주된 변명은 돈이 없어서다. 그런데 난 어느 정도 자금 여유가 있는 상태로 파이어족이 되었다. 돈이 없어서란 것도 핑계가 안 된다. 그냥 내가 안 해서, 아니면 내 능력이 부족해서다.

친구 관계도 그렇다. 왜 저 애하고 서먹서먹해졌을까? 이전에는 '서로 하는 일이 바빠 만나지 못해서'였다. 그런데 이제는 아니다. 내가 그 친구에게 시간을 할애하지 않아서다. 그 친구가 바빠서 시간을 내기 힘들다고 해도 그건 변명이 될 수 없다. 내가 그 친구가 일하는 회사 앞으로 가서 만나면 될 일이다. 그 친구가 가능한 시간에 내가 찾아가면 충분히 만날 수 있다. 전에는 나도 업무 일정이 있기 때문에, 친구 일정에 딱 맞춰 찾아가는 건 힘들고 어려운 일이었다. 그러나 이제는 아니다. 내가 마음만 먹으면, 친구가 단 30분 정도만 시간이 나더라도 그 시간에 맞춰 회사 앞으로 찾아갈 수 있다. 그 친구와 잘 만나지 못하는 건 내가 관심을 가지지 않아서다. 내 책임이다.

가정일도 마찬가지다. 집이 정리가 잘 안 돼 있는 것, 쓰레기가 쌓여 있는 것, 설거지가 안 돼 있는 것에 대한 가장 큰 변명은 일하고 와서 피곤해서거나 시간이 부족해서다. 그런데 이 두 가지는 파이어족이 댈 수 있는 변명이 아니다. 집안이 뭔가 제대로 굴러가지 않으면 그건 모두 내가 제대로 하지 않아서다. 모두 내 책임이다.

파이어족이 되어도 하는 일들이 있으니 그 하는 일들이 핑계가 될 수 있지 않을까? 그런데 그게 안 된다. 일하느라고 영어 공부를 못 하고 친구를 못 만나고 설거지를 제대로 하지 못했다고 하면 스스로도 변명이 되고 다른 사람들도 인정할 수 있다. 그런데 "한강에서 자전거 타느라 영어 공부를 못 하고 친구를 못 만나고 설거지를 제대로 하지 못했다"라고 하면 아무도 인정 안 한다. 나 스스로도 그게 변명이 될 수 없다는 걸 안다.

내게 지금 무슨 문제가 있을 때 그 원인을 직장 때문에, 먹고 사는 문제 때문에, 사회제도 때문에, 대통령 때문에, 헬조선 때문에로 돌리면 사실관계가 어떻든 마음은 편하다. 그런데 파이어족이 되고 나니 그런 핑계를 댈 수가 없다. 나에게 발생하는 모든 일은 나 때문이고 내가 부족하기 때문이다. 항상 나 자신을 비판한다. 그러니 행복하기 어렵다.

전에는 하지 않았지만,
이제는 해야 하는 일들

파이어족은 자기가 하고 싶은 일만 하기 위해 선택하는 삶이다. 실제 파이어족이 되면 많은 시간을 자기가 하고 싶은 대로 사용할 수 있기는 하다. 그런데 자기가 하고 싶은지 여부와 관계없이 무조건 해야 하는 일들도 생긴다. 이전에는 거의 하지 않았던 일인데 이제는 도맡아서 해야 하는 일들이다. 바로 가족, 친지 관련해서 급하게 처리해야 하는 건들이다. 이런 경우가 생기면 바로 나에게 연락이 온다.

나이 드신 분이 병원에 검사나 진찰을 받으러 가야 할 일이 생겼다고 하자. 어떤 검사인지에 따라 달라지기는 하겠지만 보호자가 있어야 하는 경우가 있다. 이때는 가족 중 누군가 한 명이 시간을 내서 따라간다. 그런데 요즘은 대부분 맞벌이다. 이러면 시간 내기가 어렵다. 그래도 꼭 병원에 보호자가 같이 가야 하는 경우라면 월차나 반차를 내서 같이 가야 한다. 그런데 가족 중에 누군가 일하지 않고 노는 사람이 있으면 어떻게 될까? 그 사람에게 1순위로 부탁을 한다. 특별히 하는 일도 없고 시간도 자유롭게 쓸 수 있으니 별 부담 없이 부탁할 수 있다.

이전에는 나에게 그런 부탁이 거의 오지 않았다. 나는 학교에 가야 했고 득히 강의를 해야 했다. 다른 일은 몰라도 절대 빠질 수 없는 게 강의다. 내가 대학생 때는 휴강도 자주 있었는데 요즘은 갑자기 휴강을 하면 큰일 난다. 학생들이 바로 게시판에 불만을 올린다. 미리 예고하는 휴강이라도 쉽지 않기는 마찬가지다. 절차도 복잡하고, 보강 등을 하는 것도 만만치 않다.

차라리 직장을 다니는 사람이 월차나 반차를 내는 게 쉽다. 강의를 빼는 것보다 월차를 내는 게 더 쉽다. 그래서 이전에는 내가 그런 일에 동원되는 일이 없었다.

하지만 이제는 아니다. 다른 사람들은 월차나 반차를 내야 한다. 그런데 나는 백수다. 하는 일이 없으니 병원에 동행하는 데 별문제가 없다. 연구소 소장 명함이 있다는 건 안다. 하지만 연구소라고 해도 실제 하는 일은 없다는 것도 알고 있다. 모르는 사람은 연구소에서 뭘 하는 걸로 알지만 최소한 가까운 가족, 친지들은 이게 그냥 명목상으로만 있다는 걸 안다. 그러니 부담이 없다. 아주 당당하게 나에게 가달라고 부탁을 한다.

부탁을 받은 나로서도 거절하기가 힘들다. 나는 분명 오늘 일정이 있다. 오전에 글 한 편 쓰고, 오후에 자전거 타는 일정이다. 그런데 오늘 마감으로 꼭 보내주기로 한 글도 아니고, 자전거 타기도 다른 사람과 같이 하자고 약속한 게 아니다. 무엇보다 반드시 꼭 오늘 해야 하는 일은 아니다. 내일 하나 모레 하나 큰 상관이 없다. 나 스스로 '오늘 꼭 해야지'라고 하는 것일 뿐, 다른 사람이 보기에는 전혀 급한 일이 아니다. 실제로도 꼭 해야 하는 일은 아니다. 그냥 내가 하고 싶은 일일 뿐이다. 그런 거 안 해도 아무 문제 없다.

이런 사정인데 안 된다고 말할 수가 없다. 오늘 나는 좀 곤란한데 하면 바로 이런 대화가 이어질 것이다.

"나 오늘 일정 있어서 안 되는데…. 다른 사람에게 이야기해보면 안 될까?"

"오늘 뭐 하는데?"

"오후에 한강에 자전거 타러 가야 하는데…."

이때 "그래? 그럼 안 되겠구나. 다른 사람에게 이야기해볼게"라는 말은 절대 안 나온다. 욕만 한 사발 먹고 결국 내가 가야 한다.

조카들은 아직 유치원, 초등학생이다. 특히 유치원생은 중간에 무슨 일이 많이 생긴다. 애가 유치원에서 갑자기 열이 난다. 두드러기가 나기도 한다. 그러면 유치원에서는 학부모에게 바로 연락을 한다. 애가 아프니 병원에 데려가거나 하라는 통지다. 이러면 부모는 만사 제쳐두고 유치원에 애를 데리러 가야 한다. 그런데 부모는 계속 집에 있으면서 대기하는 게 아니다. 밖에 나가 일을 하고 있다. 도중에 유치원에 애 데리러 가기가 만만찮다. 그래도 애가 중요하니 이전에는 직장에서 어떤 문제가 있든 부모 중 하나는 유치원으로 가야 했다. 그런데 지금은? 항상 하는 일 없이 놀고 있는 내가 있다. 그런 일이 생기면 나에게 연락이 오고, 그러면 내가 데리러 가게 된다. 이런 일이 벌어졌는데, "지금 보넌 책 마서 봐야 해"라면서 안 된다고 할 수는 없다.

다른 사람하고 약속이 있으면 그런 일 안 해도 되지 않을까? 그런데 지금 내가 하는 약속 중에서 업무와 관련된 약속은 거의 없다. 대부분 오랫동안 알고 지내온 친구와의 약속이다. 일과 관련된 약속이 아니라 노는 것과 관련된 약속이라는 뜻이다. 일과 관련된 약속, 업무 관련 약속을 깨는 건 쉽지 않다. 하지만 친구와 노닥거리기 위한 약속은 우선권이 없다. 약속을 취소하고 애를 데리러 가야 한다.

애가 아플 때만이 아니다. 유치원에서 좀 일찍 끝나서 하원이 빨라지면, 그에 맞춰 데리러 가는 시간도 빨라져야 한다. 그런데 직장 다니는 사람이 애 하원이 한 시간 빠르다고 한 시간 먼저 나오기는 쉽지 않다. 하지만 나는 한 시간이 빠르건 두 시간이 빠르건 시간을 맞춰줄 수 있다.

초등학교도 마찬가지다. 유치원만큼은 아니지만 학교 일정 때문에 평일에 쉬는 경우, 일찍 하교하는 경우 등이 자주 있다. 그

때마다 나에게 시간이 되느냐고 연락이 온다.

내가 이런 일 하는 걸 꺼리느냐 하면 그건 아니다. 정말로 시간을 빼기 힘든 일정이 있는 경우가 아니라면 모두 '오케이'한다. 내가 말하려고 하는 건 파이어족이 되면 이런 일들에 쉽게 동원된다는 점이다. 자기가 하고 싶어 하는 일만이 아니라, 이런 식으로 해야 하는 일이 생긴다. 직장 다닐 때는 미처 생각하지 못했던 유형의 일들이 내가 해야 하는 일이 된다.

이런 일 말고 집안일도 마찬가지다. 낮에 주민센터 가는 일, 관공서 가는 일, 은행 가는 일 등등은 모두 내 차지가 된다. 요즘은 인터넷 디지털화가 잘되어 있어서 직접 가지 않아도 처리할 수 있는 일이 많아지기는 했다. 하지만 그래도 여전히 이런 곳에 직접 가야만 하는 일들도 있다. 평일 낮에 가야만 하는 일들은 모두 파이어족의 차지다. 가족끼리 업무 분담? 그런 거 없다. 시간 부담 없는 사람이 하는 것이고, 그런 사람을 찾다 보면 항상 파이어족의 몫이 된다.

이런 일이 많을 때는 내가 이걸 하기 위해 파이어족이 되었나 하는 회의가 들기도 한다. 그런데 가족, 친지들 입장에서 보면, 집안에 이렇게 노는 사람이 있다는 거, 시간 부담이 전혀 없이 언제나 동원할 수 있는 사람이 있다는 건 다행스런 일일 거다. 전혀 예상하지 못한 부분에서 가족의 일에 기여하고 있는 중이다.

"돈 때문에 접근하는 것 아닌가?"

인간관계에서의 부작용

돈을 벌어 파이어족이 된 이후에 나 스스로 볼 때 안 좋게 변한 게 있다. 사람에 대한 의심이 많아졌다. 누군가가 나에게 잘 대해줄 때, 이게 돈 때문이 아닌가 하는 의심이 든다. 이전에는 사람을 대할 때 그런 생각을 한 번도 한 적이 없다. 파이어족이 된 이후에는 이런 생각이 드는 경우가 많아졌다. 사람들을 편안히 대하지 못하게 된 거고, 그만큼 세상살이가 어려워진다.

내가 알고 만나는 사람을 크게 구분하면, 내가 파이어족이 되기 전에 알던 사람과 파이어족이 되고 난 후 아는 사람으로 구분된다. 파이어족이 되기 전부터 잘 알고 있던 사람과는 별문제 없다. 파이어족이 되기 전부터 알고 있던 사람은 굉장히 오랫동안 알고 지낸 사람들이다. 보통은 내가 학생 시절일 때부터 알고 지내던 사람들이고, 이 사람들은 내가 파이어족이 되거나 말거나 별 상관이 없다. 업무상으로 알고 지내던 사람은 좀 다르다. 파이어족이 되면서 업무상으로만 알고 지내던 사람과의 관계는 거의 다 끊어졌다. 내가 일을 하지 않으니 만날 일이 없다. 업무와 관계없이 알고 지내던 사람과의 관계만 계속 이어진다. 파이어족이 되기 전부터 잘 알던 사람들하고의 인간관계는 별로 변한 게 없다.

　문제는 내가 파이어족이 되고 난 다음에 새로 알게 되는 사람들이다. 이 사람들도 두 부류로 나뉜다. 내가 파이어족이라는 것을 모르는 상태에서 서로 알게 된 사람들과 내가 파이어족이라는 걸 알고 만나게 된 사람들이다. 내가 파이어족이라는 걸 알고 만나게 된 사람들은 사실 내가 파이어족이기 때문에, 일하지 않아도 먹고살 만한 돈이 있기 때문에 만나게 되는 사람들이다. 내 나이에 새로 사람을 만나는 건 뭔가 목적이 있고 바라는 게 있기 때문이다. 학생 시절처럼 그냥 아무 이유 없이 옆에 있기 때문에 만나게 되지는 않는다. 이런 사람들을 만나게 되면 난 조심하게 된다. 만남이 순수한 것으로 생각되지 않는다. 뭔가 나에게 바라는 게 있고, 특히 나에게 뭘 뺏으려 하는 게 아닌가 하는 의심을 하게 된다.

　그런데 정말로 나에게 뭘 특별히 원해서 만나는 경우는 거의 없다. 모르겠다. 처음 몇 번 만날 때는 그냥 그렇게 만나다가, 나중에 좀 친해지고 나면 원하는 말을 하게 될는지도 모르겠다. 그러나 아직까지 나에게 무얼 노골적으로 요구하는 말을 하는 경우는 없었다. 하지만 그럼에도 불구하고 난 의심을 가진다. 그냥 편안하게 만나 이야기하기가 어렵다. 뭔가 다른 걸 바라는 게 아닌가 하는 의심이 계속 있다. 사람을 대하면서 마음속으로 이런 생각을 하는 건 분명 좋은 게 아니다. 원래 난 사람을 만날 때 이렇게 마음속으로 의심하고 나를 이용하려는 게 아닌가 하는 생각은 해본 적이 없었다. 학자, 교수인 나를 이용할 게 뭐가 있나? 누가 나를 등치려 한다거나 이용하려 한다는 생각은 살아오면서 해본 적이 거의 없다. 그런데 최근에는 그런 생각을 한다. 파이어족이 된 부작용이라고 생각할 수밖에 없다.

좀 복잡한 것은 내가 파이어족이라는 것을 모른 채 만나서 알고 지내게 되었는데, 나중에 내가 파이어족이라는 걸 알게 되는 경우다. 나는 누구와 쉽고 빠르게 친해지는 성격이 아니다. 글 쓰는 사람은 보통 말이 없다. 그리고 나는 글 쓰는 사람이다. 평소에 말을 잘 하지 않는다. 아니, 말을 하지 않는 게 아니라 잘 못한다. 직업이 직업인지라 강의, 토론, 발표 같은 것은 워낙 많이 해서 그런대로 한다. 하지만 일상적인 대화는 잘하는 편이 아니다. 그런데 사람과 친해지고 잘 지내려면 일상 대화를 잘해야 한다. 일상 대화를 잘하지 못하는 난 사람과 쉽게 친해지지 못한다. 친한 대화를 할 때까지 굉장히 오랜 시간이 걸린다.

내가 그렇다 보니 상대방도 데면데면하게 대한다. 알고 인사하기는 하지만 친하게 일상 대화를 잘 하지는 않는다. 그렇게 지내는 사이인데, 어느 날 갑자기 나에게 친하게 대한다. 다가와서 말을 시키고 웃으면서 이런저런 이야기를 한다. 과거라면 몇 번 만나게 되었으니 이제는 이렇게 말을 할 수 있는 사이가 되었나 생각했을 것이다. 그런데 지금은 아니다. 딱 의심이 든다. '나에 대해서 뭘 알았나. 그래서 이렇게 대하나'라는 의심이다. 처음부터 내가 파이어족이라는 걸 알고 만나게 된 사람보다 더 의심스러운 생각이 든다.

그렇게 의심스러운 생각이 든다고 해서 상대방이 나를 상대로 사기를 치려 한다거나, 내 돈을 빼먹으려 할까 봐 걱정하는 건 아니다. 사실 그런 사람도 그동안 몇 번 있긴 했다. 사기까지는 아니더라도, 나를 이용하려 한다거나 돈을 목적으로 하는 경우였다. 그런데 나도 투자 경력이 좀 된다. 상가, 오피스텔, 아파트, 빌라 등 부동산 투자에서부터 주식, 선물, 옵션, 코인 등까지 일반적으로 투자 대상이라고 하는 것은 거의 다 건드려보았다. 무엇보다 난 카지노를 다녔던 사람이고, 사행산업이 전공 분야였던 사람이다. 경마, 경륜, 경정, 스포츠 토토도 해보았고, 불법 사행산업 관련 보고서도 많이 썼었다. 그러다 보니 투자와 관련된 상대방의 말을 듣다 보면 뭔가 이상하다는 걸 느끼게 된다. 최소한 '이거 괜찮겠다, 돈을 넣어볼까'라는 느낌을 주는 경우는 한 번도 없었다.

그러니 상대방이 나에게 사기 치려는 게 아닌가 하는 의심을 먼저 할 필요는 없다. 그냥 순수하게 대하다가, 상대방이 나에게 그런 이상한 제안을 하면 그때 의심을 해도 된다. 하지만 그게 안 된다. 그런 제안을 하지 않더라도, 갑자기 친하게 대하면 의심스런 생각이 든다. 물론 처음 만난 사람, 잘 알지 못하는 사람이 굉장히 친하게 대하면 그건 의심 신호다. 하지만 계속 만나오던 사람이 친하게 대할 때 그걸 의심 신호라고 말하기는 어렵다. 과거에는 이걸 의심 신호라고 보지 않았다. 상대방이 기분이 좋거나, 아니면 이세 그럴 만한 사이가 되었다고 생각했다. 그런데 지금은 그렇게 순수하게 생각되지 않는다. '나에 대해서 알았나. 뭔가 있나. 이거 돈 때문 아닌가'라는 의심이 먼저 든다.

'이거 뭔가 있는 거 아닌가'라는 생각을 하면서 사람을 만나는 건 쉽지 않다. 나도 상대방에게 원하는 게 있다면 그럼에도 불구하고 계속 만나겠지만, 파이어족은 원래 상대방에게 원하는 게 없는 족속이다. 나는 상대방에게 바라는 게 없는데 상대방만 나에게 뭘 원한다면 그 관계는 신뢰 있게 오래 지속될 수 없다.

그러다 보니 인간관계는 이전부터 계속 알았던 사람에게 보다 초점을 맞추게 된다. 파이어족이 되기 전부터 알았던 사람들, 예전부터 친했던 사람들과 어울리는 게 훨씬 좋다. 새롭게 인간관계를 맺는 건 쉽지 않다. 친구가 되는 게 아니라 그냥 아는 사이의 인간관계일 뿐이라 해도 '이거 돈 때문 아닌가'라는 생각에서 벗어나기가 쉽지 않다. 나도 업무상 관계를 원한다면 상관없을 것이다. 서로 주고받는 관계로 맺어지는 관계가 성인들의 인간관계의 기본이니, 나에게 원하는 게 있어서 접근한다고 해서 그걸 나쁘다고 말할 수는 없다. 그런데 파이어족은 상대방에게 업무상으로 원하는 게 없다. 나는 원하는 게 없는데 상대방은 원하는 게 있으니 문제인 것이다. 그 때문에 '이거 돈 때문 아닌가'라는 의심이 더 드는 것이고, 그에 맞장구 쳐주기가 힘들다.

사람들을 만날 때마다 항상 '이 사람이 나를 이용하려는 게 아닌가'라고 생각하는 사람도 있다. 그런 사람이라면 나의 이런 생각이 별 특별한 게 없을 것이다. 오히려 이제야 이런 생각을 하는 나를 순진하다고 칭찬 같은 비난을 할 것이다. 그런데 '이용하려 해도 이용할 게 없는, 이용당해봤자 잃을 게 없는' 교수였던 나는 사람을 만나면서 그런 생각을 한 적이 없었다. 하지만 이제는 그런 의심을 품고 사람을 대한다. 파이어족이 된 부작용이라고 말할 수밖에 없다.

성격적으로 망가지기 딱 좋다

파이어족으로 몇 달 지내고 난 후 알게 된 사실이 하나 있다. 파이어족으로 지내면 성격적으로 망가지기 딱 좋다. 다른 사람들은 전혀 생각하지 않고 그냥 맘대로 행동하는 사람이 될 수 있다. 다른 사람들이 어찌 생각하든 그냥 나 좋은 대로 움직이며 다른 사람에게 피해를 주는 사람, 그런 망가진 사람이 되기 쉽다.

파이어족은 그냥 혼자 살아갈 수 있는 사람들이다. 돈이 많은 파이어족이든, 돈이 적은 파이어족이든 어쨌든 직장을 가지지 않아도 살아갈 수 있다. 직장에서 다른 사람들과 어울리지 않아도 살아갈 수 있다는 뜻이다. 이제는 사장한테 굽실거리지 않아도 된다. 이사님, 부장님에게 '예, 예' 하지 않아도 된다. 팀원 중 싫은 사람에게 싫은 표시 내지 않고 웃는 모습을 보일 필요도 없다. 부하 직원이라고 해서 마음대로 할 수 있는 건 아니다. 부하 직원이 게시판에 뭐라도 올리면 골치 아파진다. 부하 직원이 잘못했더라도 최대한 성질을 죽이고 조용조용 이야기해야 한다. 회사에서 업무 능력이 중요하다고 하지만, 실제로는 업무 능력보다 사람들 사이의 관계가 더 중요하다. 존경은 받지 못하더라도 최소한 미움 받는 존재가 되어서는 안 된다. 직장 동료들을 무시하며 그냥 내 맘대로 행동해서는 안 된다. 성질을 죽이고, 다른 사람들이 싫어하는 행동이나 말은 삼가야 한다.

지금 직장을 그만두고 다른 직장으로 옮긴다고 해도 지금 직장 동료들에게 막 대해서는 안 된다. 지금은 이 사람들하고 헤어지지만 언제 다시 만날지 모른다. 나중에 업무상 같이 일하게 될 가능성이 있다. 특히 같은 업계로 이직하는 경우에는 이들의 평판이 나의 미래에 영향을 미칠 수 있다. 직장을 그만두더라도 동료들에게 큰소리, 싫은 소리를 대놓고 해서는 안 된다. 계속 좋은 관계를 유지할 수 있도록 신경 써야 한다.

파이어족이 되면 더 이상 일을 하지 않는다. 직장이 없고 앞으로 직장을 가질 일도 없다. 그러니 직장 동료들과의 관계를 고려해서 행동하지 않아도 된다. 싫으면 싫다고 그냥 이야기하고, 자기 본래 성격대로 행동해도 상관없다. 내 마음대로 말하고 행동해도 아무 상관이 없다. 직장에서의 인간관계 때문에 자기 자신을 속일 필요가 없다. 파이어족의 좋은 점 중 하나다.

그런데 일을 그만두고 파이어족으로 몇 달 지내다 보면 알게 된다. 직장 동료들만 나에게 아무 영향을 미치지 못하는 게 아니다. 그 외 다른 사람들도 나의 삶에 영향을 미치지 못한다. 직장에서만 더 이상 '예, 예' 하지 않아도 되는 게 아니다. 누구에게도 '예, 예' 할 필요가 없다. 경제적으로 다른 사람들로부터 완전히 독립한다는 것은, 다른 사람의 눈치를 전혀 보지 않아도 되는 것이었다.

파이어족으로 살면서 알게 된 것은, 사람들은 무의식적으로 다른 사람들하고의 향후 관계를 의식하며 인간관계를 맺고 있다는 점이었다. 직장, 업무와 관련된 사람만이 아니라, 그 외 다른 사람들하고의 관계에서도 우리는 무의식적으로 주고받음을 생각한다.

'내가 지금 이 사람에게 나쁘게 대하면, 이 사람이 나중에 나에게 해를 끼칠 수 있다. 그러니 나쁘게 대하면 안 된다'라는 것을 무의식적으로 생각하며 행동하고 있다.

'내가 이 사람에게 잘해주면 이 사람도 나에게 잘해주겠지'까지는 아니다. 상대방의 면면을 보면 상대방이 나에게 이로움을 줄 사람인지 아닌지는 금방 파악할 수 있다. 나에게 이로움을 줄 사람 같지는 않다. 그러니 특별히 잘 대해줄 필요는 없다. 하지만 나에게 해로움을 주는 경우가 있다. 한국은 좁다. 이 사람은 나와 전혀 관계가 없지만, 이 사람의 아는 사람, 아니면 이 사람의 아는 사람의 아는 사람은 나에게 영향을 줄 수 있는 사람일 가능성이 높다. 한국에서는 보통 세 단계쯤 지나면 나와 연결되는 사람이 나온다.

이 사람에게 나쁘게 대하면 이 사람에게 해코지를 당하지는 않겠지만 나와 연관 있는 이 사람의 아는 사람의 아는 사람에게 부정적인 인식을 줄 수 있다. 꼭 그게 아니라도 어쨌든 지금 이 사람에게 나쁘게 대해서 나에 대한 소문이 안 좋게 나면 나에게 불리하다. 내가 기분 나쁘다고 막 대해서는 안 된다. 사람들은 이런 걸 의식하고 지내지는 않는다. 무의식적으로 그렇게 행동한다. 주변 사람들에게 미움받으면 안 된다는 건 인간 DNA에 새겨져 있다. 이런 건 인간만이 아니다. 원숭이, 침팬지, 박쥐조차도 서로 주고받는다는 인식이 있다. 상대방이 나에게 나쁘게 하면 나도 다음에 나쁘게 한다. 이건 집단생활을 하는 포유류들의 DNA라 해야 할 것이다.

그런데 파이어족이 되면 이런 무의식적인 주고받음이 해체된다. 내가 주변 사람에게 맘대로 화를 냈다고 하자. 직장에서는 당장 나에게 안 좋은 일이 온다. 그러니 그런 짓을 하면 안 된다. 직장 밖에서도 그러면 안 된다. 직장 밖에서 그런 짓을 했다는 것이 직장에 알려지면 나에게 불리하다. 직장을 그만두었다고 해도 그러면 안 된다. 내가 그런 짓을 했다는 것이 알려지면, 다시 직장을 얻을 때 불리해진다. 직장이 아니라 프리랜서나 자영업을 하는 경우에도 마찬가지다. 이 세계에서도 평판이 중요하다. 내가 나쁜 사람이라고 소문이 나면 망한다. 내가 사장이라 해도 마찬가지다. 사장 성질이 더럽다고 소문이 나면 직원, 거래 상대방, 고객들이 떨어져 나간다.

그런데 파이어족은 어떨까? 이미 평생 먹고살 돈이 마련되어 있어서 지금 일할 필요도 없고 앞으로도 일할 가능성이 없다면? 내가 성질이 더럽다는 소문이 나도 나의 삶에는 아무 상관이 없다. 나에 대한 사회적 평가가 낮아져도 아무 상관이 없다. 나를 욕하는 사람이 있어도 아무 상관이 없다. 내가 그로 인해 어떤 실질적 피해도 받지 않는다. 세상에는 욕을 먹어도 상관없다는 식으로 행동하는 사람들이 많다. 국회의원 등의 정치인들이 대표적이다. 그런데 이들은 한쪽에서는 욕을 먹어도 다른 쪽에서는 칭송을 받는다. 욕하는 사람이 있어도 자기를 지지하는 사람들도 있기에 정치인으로 살아남는다. 지지하는 사람은 하나도 없고 욕하는 사람만 있다면 정치인이 될 수 없다. 그런데 파이어족은 아니다. 지지해주는 사람 하나 없이 욕하는 사람만 있어도 내가 살아가는 데 아무런 상관이 없다.

주변 사람들이 자기를 어떻게 생각하고 대하든 경제적으로 아무런 영향이 없다. 내가 화를 내고 막말을 하고 성질을 부려도 나에게 어떤 피해도 없다. 파이어족으로 좀 지내면서 알게 된다. 내가 뭘 어떻게 해도 앞으로 나의 삶에는 별 상관이 없겠구나. 화를 내고 싶으면 내도 되는구나. 그냥 내 마음대로 행동해도, 법을 어겨서 경찰이 출동할 일만 벌이지 않으면 아무 상관 없는 거구나. 또 설사 경찰이 출동하면 어떤가. 감옥에 가는 건 문제이지만 벌금으로 해결할 수 있는 정도라면 아무 상관이 없다. 감옥 갈 정도의 큰 범죄만 안 저지르면 된다.

어떻게 보면 정말로 주변의 영향을 받지 않고 그냥 자신의 솔직한 감정대로 살아도 되니 좋은 일이라고도 할 수 있다. 그런데 일반적인 사회 기준으로는 그런 사람은 그냥 망가진 사람이다. 스스로 이런 자신을 인식하고 자제하지 않으면 그냥 망가진 사람이 되고 만다. 요즘은 재벌도 국민들 눈치를 본다. 재벌가라 해도 마음대로 행동하다 욕을 먹으면 회사 매출이 폭락하고 재벌가에 직접적인 피해가 간다. 하지만 파이어족은 매출 자체가 없으니 그런 부작용도 없다. 스스로 다잡지 않으면 망가지기 딱 좋은 게 파이어족이다.

성과! 성과! 성과!

나는 지금 뭘 하고 있는가

나는 매일매일 생활 메모를 한다. 그날 무얼 했는지, 자세히는 아니지만 간단히 한 일의 목록은 쓴다. 다 읽거나 본 책, 드라마, 영화, 간 곳, 만난 사람 등에 대한 메모를 한다. 그리고 연말이 되면 그해 1년 동안 한 주요한 일들을 정리한다. 몇 권의 책을 읽었는지, 여행을 몇 번, 며칠 동안 갔는지, 영화는 몇 편 보았는지, 논문은 몇 편 쓰고 프로젝트는 몇 건 했는지, 그리고 그해 중요하거나 의미 있는 일은 무엇이었는지 등을 정리한다.

난 2021년 9월부터 파이어족의 삶을 살았다. 2021년이 절반도 채 남지 않은 시점에 파이어족이 되었으니 그해의 연말정산은 그 전해와 크게 다르지 않을 수 있다. 시간이 지나 2022년 연말정산을 할 때가 되었다. 드디어 파이어족으로서 온전히 한 해를 보낸 2022년의 주요 활동 내역들을 정리한다. 그런데 웃긴 게 있다. 2022년에 한 일이 2020년에 한 일, 2021년에 한 일보다 오히려 성과가 떨어진다. 파이어족이 되고 나서 한 일이 그 전에 한 일보다 훨씬 적다.

파이어족이 되고 나서 뭘 했나? 책을 읽었다. 일주일에 10권 정도 읽는다. 그런데 이건 파이어족이 되기 전에도 그렇게 읽었다. 독서와 관련해서 파이어족이 되기 전이나 후나 별 차이 없다. 여행 측면에서도 달라진 게 없다. 영화나 드라마도 별 차이가 없다. 파이어족이 되고 나서 영화 같은 것을 더 많이 보려고 생각했는데, 막상 1년 정산을 해보니 별 차이가 없다.

차이가 확 나는 게 있다. 논문 수가 줄었다. 아니, 준 게 아니라 쓴 논문이 없다. 교수일 때의 난 1년에 5편 이상 계속 논문을 써왔다. 15년 가까이 연 5편 이상의 논문을 썼다. 그런데 파이어족이 되고 난 후에는 쓴 논문이 없다. 프로젝트 수도 0이다. 난 프로젝트도 1년에 7건 이상 해왔다. 파이어족이 되고 난 후 프로젝트를 새로 받지 않는다. 2022년에는 프로젝트를 하나도 하지 않았다.

이상하다. 난 파이어족이 되고 난 후 하고 싶은 것, 좋아하는 것을 더 하게 되었다고 생각하고 있었는데, 막상 따져보니 했다고 할 만한 게 없다. 학교 강의와 행정 업무, 그리고 논문, 프로젝트를 하는 일이 사라졌다. 그럼 그만큼 많은 시간이 생겼을 것이다. 강의, 논문, 프로젝트는 많은 시간이 필요한 일이다. 그 일들을 하지 않게 되었으니 그 대신 뭔가 다른 것을 했어야 한다. 그런데 없다. 논문, 프로젝트와 학교 업무를 대체할 만한 성과가 없는 것이다.

한 일이 전혀 없는 건 아니다. 책은 계속 읽고 있고 여행도 계속 다닌다. 책도 계속 쓰고 있어 파이어족이 되고 나서 3권 정도 출간했다. 이걸 보면 아무것도 안 하고 놀고만 있는 건 아니다. 뭔가 하고 있는 것 같다. 그런데 문제는 이런 것들은 파이어족이 되기 전에도 똑같이 했다는 점이다. 파이어족이 되기 전에도 1년에 2권 정도의 책을 썼다. 파이어족이 되고 난 다음에 더 나아지거나 증가된 게 없다.

늘어난 게 하나 있긴 하다. 골프다. 그런데 골프는 파이어족이 되고 나서 시작한 게 아니다. 2020년 코로나 사태로 인해 실내 활동이 모두 금지되면서 골프를 시작했다. 당시에는 친구들과 만나 할 수 있는 게 골프밖에 없었다. 골프를 시작하고 3년이 넘었는데 아직 스코어는 100타가 넘어 초보자 수준을 벗어나지 못했다. 파이어족이 되고 나서 더 열심히 한 것도 아니고, 그냥 단순한 취미 수준을 벗어나지 못하고 있다. 그래도 어쨌든 파이어족이 되기 전과 후를 비교할 때 달라진 유일한 점이다.

그럼 투자를 더 잘했나? 2022년 미국 금리가 오르는 시장 상황에서 주식시장, 코인시장이 다 박살이 났다. 나도 많은 손실을 보았다. 파이어족이 되고 나서 투자 성적은 훨씬 안 좋다.

그럼 난 도대체 파이어족이 되고 나서 뭘 한 걸까? 매일매일은 뭘 한 것 같은데, 연말에 정산을 해보니 이전보다 나아진 게 전혀 없다. 오히려 후퇴했다. 생각을 해본다. 연말정산에서 나아진 게 안 보이는 건 이게 계량적인 수치라서 그렇다. 한 해 동안 기록한 생활 메모로 정리하는 연말정산에는 그냥 책 몇 권, 영화 몇 편, 여행 몇 번, 며칠 등으로만 적힌다. 양적인 것만 표시하는 것이고 질적인 것은 나타나지 않는다. 난 양적인 측면에서 파이어족이 되기 전과 달라진 게 없다. 오히려 나빠졌다. 하지만 질적인 측면에서는 더 나아지지 않았을까?

그런데 그런 변명은 안 먹힌다. 읽은 책 목록을 보면 과거나 지금이나 별 차이 없다. 명저는 굉장히 조금이고, 읽어도 그만, 안 읽어도 그만인 책이 대부분이다. 영화는 좋은 영화를 보나 그저 그런 영화를 보나 소모되는 시간은 똑같다. 질적으로 더 좋은 영화를 보느라 에너지가 더 소비되지는 않는다. 그렇다고 더 좋은 책을 썼느냐 하면 그것도 아니다. 오히려 파이어족이 되기 전 2021년 초에 제대로 된 학술 서적을 출간했었다.

그럼 사람과의 만남이 더 충실해졌나? 그럴 리가 없지 않나. 직장을 다닐 때 사람을 더 많이 만났다. 프로젝트를 할 때 다른 분야 전문가들을 더 많이 만났다. 파이어족은 새로운 사람을 만날 기회가 없다. 기존에 잘 알던 사람들과만 만날 뿐이다. 그럼 기존 알던 사람들과 더 자주 만남을 가졌냐 하면 그것도 아니다. 상대방들은 직장 업무를 하느라 바쁘다. 쓸데없이 나를 만나

노닥거릴 시간이 없다. 이전과 비슷한 빈도로 만나는 것이지, 파이어족이 되고 난 다음에 더 자주 만나게 되는 건 아니다.

결국 내가 말할 수 있는 건 한 가지다. 난 파이어족이 되고 난 후 하는 일이 굉장히 줄었다. 그뿐만 아니라 새로운 성과라 할 만한 일은 별로 없다. 어떻게 보면 좋은 변화라고 볼 수도 있다. 좀 더 여유 있게 산다는 것이고 쫓기지 않고 산다는 것이다. 뭔가 하려고 무리하지 않고 몸에 맞게 하고 있다는 것이기도 하다.

그런 변화를 긍정적으로 보는 사람, 좋게 보는 사람도 있을 것이다. 그런데 그걸 좋아하지 않는 사람도 있다. 하루 8시간 공부해서 전교 1~2등을 하던 학생이 있다고 하자. 그러다가 하루 5시간 공부를 하면서 전교 10등 정도를 하게 되었다. 이전보다 여유 있게 공부하고 쫓기지 않게 공부한다. 1~2등 하려고 무리하지 않고 몸에 맞게 공부한다. 좋은 말이다. 그런데 1~2등이 아니라 10등이다. 그렇게 성적이 떨어져도 자기에게 무리가 가지 않는 적당한 공부법을 찾았다고 좋아할 수도 있다. 하지만 자기 몸에 무리가 가더라도 전교 1~2등 하는 게 더 좋았다고 생각하는 사람도 있다.

나는 어느 쪽인가? 좋고 나쁨은 제쳐두고, 난 뭔가 성과가 있기를 바라는 사람이다. 전보다 나아지기를 원하지, 좀 더 편하고 쉬는 시간이 많아졌다고 좋아하는 타입은 아니다. 그런 기준으로 볼 때 파이어족이 되고 난 다음에 성과 수치들이 모두 떨어진 것은 나에게 충격적인 일이었다.

난 파이어족이 된 다음에 도대체 뭘 하고 있는 걸까. 이런 회의감이 계속 있다. 이대로는 안 되는데…. 자괴감도 끊이지 않는다. 어쩌면 난 일 중독자인지도 모른다. 그리고 일 중독자에게 파이어족은 만족할 수 있는 목적지가 될 수는 없었다. 난 지금 성과와 관련해서 불만에 차 있는 상태다.

5장

파이어족이 되고 나서 받았던
대표적인 질문들

"교수 그만두고 앞으로 뭐 할 건데?"

교수를 그만둔다고 말했을 때, 그리고 교수를 그만두고 난 이후에도 사람들이 계속해서 나에게 물어보는 것들이 몇 개 있다. 교수를 그만두기 전 나에 대한 질문 중 가장 대표적인 것은 이거였다.

"앞으로 뭐 할 건데?"

교수를 그만두고 난 이후에 나에게 물어보는 대표적 질문은 이렇다.

"지금은 뭘 하고 있어?"

교수를 그만두기 전이든 후든 내가 이후에 무얼 하느냐가 주된 질문 내용이다.

여기서 뭘 하느냐는 질문은 취미 활동으로 무얼 하는지 물어보는 게 아니다. 교수 밥벌이를 그만두고, 이후에 수익을 얻기 위해 무얼 하느냐는 이야기다. 쉽게 말해 무얼 하면서 돈을 벌려하느냐다.

"저는 은퇴했는데요"라고 대답해도 그건 어디까지나 교수로서의 일을 그만둔 거로 생각한다. 교수는 은퇴하고, 그리고 앞으로 무얼 하려고 하느냐는 질문이 온다. 그렇게 다시 물어보면 나의 생활을 잠깐 돌아보고 대답을 한다.

"책 읽고, 글 쓰고, 운동하고, 산책하고, 여행도 좀 다니고…"

"그건 그냥 노는 거잖아. 일은 안 해?"

나는 다시 설명한다. 일 안 하려 한다고. 은퇴한 거라고. 그러면 다시 물어본다.

"투자하지 않아? 투자는 계속 하는 거지?"

난 투자는 계속 한다. 그런데 사람들이 말하는 투자 활동과 내가 하는 투자 활동은 다르다. 사람들이 생각하는 나의 투자 활동, 그러니까 직장까지 그만두고 하는 투자는 아침에 일어나서 뉴스, 주식 시황을 살펴보고, 주식시장이 개장한 이후에는 계속해서 주가 그래프를 보며 사고팔고 하는 활동이다. 소위 전업투자자나 투자업계에서 일하는 사람들의 생활을 상상한다.

그런데 내가 하는 투자 활동은 그런 게 아니다. 나는 장기투자만 한다. 미국 주식지수, 환율 등의 지표를 하루에 한 번 정도 확인만 할 뿐이다. 거래는 몇 달에 한 번 어쩌다 한다. 주식 그래프를 열고 주가 움직임을 지켜보는 일은 없다. 취미 활동보다 들어가는 시간이 적다. 투자 일을 한다고 말할 수는 없다.

내가 투자 일을 한다고 하기 어렵다는 것을 알고 난 이후에 다시 묻는 질문은 보통 이거다.

"책도 쓰고 했으니, 강연 활동은 하지 않아?"

강연 활동이 괜찮게 수입이 된다는 건 안다. 하지만 난 강의 하기 싫어서 교수를 그만둔 사람이다. 강의하기 싫어서 교수 그만두고 강연 활동을 한다는 건 웃기지 않나. 내가 처음부터 강의를 좋아하지 않은 건 아니다. 처음에는 강의가 재미있었고, 강의를 하다 보면 스스로 내가 아는 게 정리가 되는 것도 좋았다. 그런데 나이가 들수록 점점 어려워진다. 무엇보다 강의를 하면, 그러니까 평소보다 큰 목소리로 몇 시간을 떠들면 몸에서 에너지가 빠져나간다는 것을 느낀다. 강의는 에너지를 많이 방출하는 행위다. 어쩌다 한 번은 모르겠지만 정기적으로 하고 싶지는 않다.

"그럼 유튜브는 안 해?"

유튜브도 안 한다. 다른 사람들에게 인지될 정도로 유튜브를 하기 위해서는 엄청난 노력과 시간이 필요하다. 편집 등에 신경 쓰지 않고, 각본 등도 별 생각하지 않고, 영상의 질도 생각하지 않고 그냥 핸드폰으로 찍어 올리기만 하면 노력은 별로 안 들어갈 것이다. 그러나 그렇더라도 시간은 많이 걸린다. 하루 일정 시간 이상 소모하면 그건 업무, 일이 되어버린다. 난 유튜브를 일로 할 생각은 없다. 무엇보다 난 텍스트 세대이고, 텍스트가 좋다. 책을 읽고 쓰는 건 생각해도, 영상을 만들 생각은 없다.

그 정도로 몇 번 대화가 오가고 나면 상대방은 내가 정말로 일을 하지 않는다는 걸 안다. 수익 활동을 하고 있지 않다는 것, 그리고 돈을 벌기 위해 무언가를 하고 있지 않다는 걸 안다. 이런 대화를 몇 번 계속해서 하다 보니 알게 된다. 사람들은 누군가가 일을 하지 않고 지낸다는 것을 참 받아들이기 어려워한다. 무인가 돈을 벌기 위해 일을 해야 한다고 생각하고, 설사 지금 일을 하지 않는다고 해도 앞으로 무언가를 하기 위해 준비해야 한다고 생각한다. 정말로 나이가 들어서 일을 하지 않게 되는 경우는 몰라도, 그 정도 나이가 되지 않은 사람이 일을 하지 않는 것, 그리고 일을 하려 하지 않는 건 참 이해하기 힘들어한다.

많은 사람이 일하지 않는 삶을 꿈꾼다. 일하지 않고 자기가 좋아하는 걸 하고 싶어 한다. 그런데 여기서 '일'은 내가 별로 좋아하지 않는 직장 생활에서의 '일'이었다. 좋아하지 않는 직장일은 하지 않더라도, 내가 좋아하는 '일'은 해야 한다고 생각하는 거였다. 정말로 일을 하지 않는 건 생각하지 않는다. 무언가 일을 해야 한다고 생각하는 건 동일하다.

가끔가다가 수익을 얻는 일이 아니라 그냥 취미 생활로만 하루를 보내는 걸 인정하는 사람이 나온다. 그런데 이런 사람은 보통 정년이 얼마 남지 않은 사람이었다. 진짜 정년이 얼마 남지 않아 정년 이후의 삶을 생각하고 준비하는 분이다. 이런 경우에는 내가 교수를 그만둔 후 수익성 일을 하지 않으려 하는 걸 이상하게 생각하지 않고 이해한다.

그런데 여기서도 차이점이 있다. 정년을 앞둔 분은 취미 생활로 하루를 보내기는 하는데, 그 취미 활동을 굉장히 열심히 하는 것을 생각한다. 사진을 찍는다면, 사진을 배우고 사진 활동을 열심히 할 것을 고려한다. 어디서 어떻게 사진을 배우고, 어떻게 잘 찍을 수 있는지를 고민하는 생활을 기대한다. 자전거를 탄다고 하면, 그냥 어쩌다 동네 한 바퀴 자전거를 타는 취미 활동을 생각하는 게 아니라, 한강을 일주한다거나, 자전거 동호회에서 활동한다거나, 어쨌든 제대로 된 취미 활동을 생각한다. 일주일에 한두 번 한 시간 정도 타는 취미가 아니라, 하루에도 몇 시간씩 타는 취미 활동이다. 하루에 몇 시간 소모한다면 이건 나에게 취미가 아니라 일이다. 그렇게 열심히 하고 싶지는 않다. 정말로 그냥 취미로만 할 뿐이다.

이런 분들이 보기에 난 은퇴할 준비가 돼 있지 않은 사람이었다. 앞으로 뭘 할지에 대한 계획 없이 그냥 교수를 그만둔 거다. 뭔가 교수 말고 정말로 하고 싶은 일이 있고, 앞날에 대한 계획이 있어서 교수를 그만둔 거로 생각을 했다. 그런데 말을 하다 보니 나에게는 그런 게 없다. 교수를 그만두고 하려는 것도 없고, 특별히 하고 싶어 하는 일도 없다. 그냥 교수를 그만둔 것일 뿐이다.

사실은 그게 맞다. 물론 하고 싶은 일이 있기는 하다. 책 읽기,

책 쓰기, 여행 다니기 등이다. 그런데 그게 돈을 버는 일, 수익이 생기는 일은 아니다. 그리고 이런 일이 꼭 교수를 그만두어야 하는 일도 아니다. 교수를 하면서도 충분히 잘할 수 있는 일이고, 실제 교수 생활을 하면서도 별문제 없이 계속 해왔다. 난 단지 일을 하기 싫어서, 직장에 매이기 싫어서 교수 생활을 그만둔 거다.

그런데 사람들은 정말로 일을 하지 않는 생활에 대해 굉장히 어색해한다. 정말로 나이 들어서 일을 하지 않게 되기 진까지는 무언가를 해야 한다고 생각한다. 그래서 요즘은 나의 대답이 달라졌다. 교수 그만두고 무얼 하느냐는 질문에 "연구소 하고 있어요"라고 대답한다. "은퇴했어요, 아무 일도 안 해요"라는 대답은 잘 하지 않게 되었다. "일 안 해요"라고 말하면 그다음 계속 들어오는 질문에 대답하기가 곤란해진다. 연구소를 운영하면서 연구 활동을 한다고 말하는 게 서로에게 편한 것 같다.

"파이어족이 되다니, 꿈을 이뤘구나?"

파이어족이 되고 나서 친구들을 만났다. 그런데 그중 몇몇이 나에게 이런 말을 건넸다.

"꿈을 이루었네."

처음에 이게 무슨 말인지 몰랐다. 나한테 한 말이라는 것도 몰랐다. 다른 친구에게 한 말인 줄 알았다. 이게 다른 친구가 아니라 나에게 한 말이라는 것을 알고 나서도 무슨 말인가 했다. 내가 꿈을 이루었다니, 이게 무슨 말일까?

잠깐 시간을 두고 나서야 이게 무슨 말인지 알았다. 내가 파이어족이 된 것, 돈을 벌어서 직장 없이도 먹고살 수 있게 된 것을 가지고 나의 꿈이 이루어진 것으로 이야기한 거였다. 어떻게 응답을 해야 할지 망설여진다. 그냥 웃으면서 얼버무렸다.

파이어족이 된 게 꿈을 이룬 것일까? 그럴 리가 없잖나. 10대 청소년 시기나 20대에 "너의 꿈은 무엇이냐?"라는 질문을 받았을 때 "저의 꿈은 파이어족이 되는 것입니다"라고 하는 사람이 있나? 세계 여행을 하고 싶다, 이러한 직업을 가지고 싶다, 유명해지고 싶다, 아이돌이 되고 싶다, 과학자가 되고 싶다, 좋은 사람하고 결혼해서 행복하게 살고 싶다 등등은 꿈이라고 이야기해도 파이어족을 인생의 꿈이라고 밀하는 경우는 없다.

파이어족이 되겠다는 건 나이가 좀 들어 돈을 제대로 알게 된 이후에 가지게 되는 소망이다. 돈 때문에 직장을 다녀야 하고, 돈 때문에 하고 싶은 일을 하지 못하고, 돈 때문에 하기 싫은 일을 억지로 해야 하는 상황을 겪으면서, 돈에서 자유로워지고 싶은 소망이 생겨난다. 최소한 돈 때문에 하기 싫은 직장일을 하지 않게 되는 것, 그것을 원하면서 파이어족이 되고 싶어 하는 욕망이 생긴다. 파이어족이 되기를 원하기는 한다. 하지만 이때 파이어족이 되는 게 인생의 꿈이 될 수는 없다.

이건 꿈과 버킷리스트를 구분하지 못하는 데서 나타나는 현상이라고 생각한다. 버킷리스트는 자기가 하고 싶은 것, 원하는 것들이다. 그냥 보면 버킷리스트가 꿈인 것 같다. 하지만 다르다. 꿈은 자기 인생에서 진정으로 바라는 것, 인생의 목적이 될 수 있는 것이고, 버킷리스트는 살아가면서 자기가 하고 싶은 일들의 목록이다.

오로라가 보고 싶다. 몇 년 전부터 오로라가 보고 싶어졌다. 그래서 오로라를 보러 가기 위해 저축도 하고, 여행 계획도 세운다. 그럼 이 오로라를 보고 싶다는 건 꿈일까, 버킷리스트일까? 이건 버킷리스트다. 오로라를 실제로 보면 자기가 오랫동안 원했던 것이 달성된다. 하지만 그렇다고 자기 인생의 목적이 달성되었다거나 인생의 충만감이 높아진다거나 하는 건 아니다. 꿈을 달성한다는 것과 버킷리스트를 달성한다는 것은 다른 이야기다.

나는 하고 싶은 일들이 굉장히 많다. 꼭 가고 싶은 여행지도 굉장히 많다. 오로라, 남극대륙, 우유니 사막, 히말라야 트레킹, 알래스카 빙하, 세도나 등등 반드시 가봐야 할 곳을 언제라도 10여 군데 말할 수 있다. 실제 해외여행을 다니면서 가고 싶은 곳들을 하나하나 가고 있기도 하다. 그런데 이런 데를 다니는 것이 나의 꿈인가? 아니, 이건 꿈이 아니다. 버킷리스트다. 정작 나의 꿈은 따로 있다.

나는 분명 파이어족이 되기를 원했다. 직장을 그만두기를 원했고, 일을 하지 않아도 먹고살 수 있는 상태가 되는 것을 추구했다. 파이어족이란 단어가 일반화되기 전부터, 그러니까 굉장히 오래전부터 이런 상태가 되기를 원했다. 그러나 그렇다고 해서 파이어족이 되는 게 나의 꿈은 아니다. 파이어족이 되는 건 오랫동안 추구한 나의 버킷리스트 중 하나라는 건 분명하다. 그러나 파이어족이 나의 꿈이라고는 할 수 없다.

그럼 꿈은 무얼까? 파이어족이 되고 싶어 하는 사람은 보통

'돈 때문에 일을 해야 해서 정작 자기가 하고 싶은 일은 하지 못하는 문제'를 해결하기 위해 파이어족이 되고자 한다. 이때 꿈이 될 수 있는 부분은 '자기가 하고 싶은 일'이다. 파이어족이 되는 건 '돈 때문에 일을 해야 하는' 부분을 해결하는 것이다. 그동안 돈과 직장 때문에 자기가 정말로 하고 싶은 꿈을 추구하지 못했는데, 파이어족이 되면 이제 돈, 직장에서 벗어나 자기가 정말로 하고 싶은 꿈을 추구할 수 있게 된다. 그래서 파이어족이 되는 긴 꿈을 달성하는 게 아니다. 이제부터 징밀로 꿈을 추구할 수 있게 되는 상태가 되는 것이다.

예전에 다산 정약용에 대한 전기소설을 읽다가 의아해했던 장면이 있었다. 정약용은 중국 사서삼경 중 하나인《주역》에 달통했다.《주역》은 사서삼경 중 가장 어렵고 심오하다고 일컬어지는 책이다.《주역》에 달통하면 세상 이치를 알고 깨달음을 얻을 수 있다고 한다. 많은 사람이《주역》을 깨치는 것을 목적으로 공부를 한다. 정약용은《주역》에서 깨달음을 얻었다. 이에 다른 선비가 정약용에게 질문을 한다.

"《주역》에 달통하면 어떤 이로운 점이 있습니까?"

정약용의 대답이다.

"그때부터 진정한 학문의 길이 시작됩니다."

많은 선비들은《주역》에 달통하는 것 그 자체를 목적으로 하고 공부를 한다.《주역》에 달통하기만 하면 깨달음이 생기는 것으로 기대한다. 그런데 막상《주역》에 달통한 정약용은《주역》을 깨닫는 것이 '진정한 학문의 길이 시작되는 것'이라고 말했다. 학문의 끝이 아니라 시작이라고 보았다. '이게 뭘까'라는 의문이 들었었다. 사람들은 그게 끝인 줄 알고 있는데, 끝이 아니라 시작이라고 보는 건 어떤 상태를 가리키는 걸까.

완전히 같은 감각은 아니겠지만, 파이어족이 된다는 게 그와 비슷한 느낌이다. 많은 사람이 파이어족이 되는 게 목적인 것으로 생각한다. 궁극적인 끝이라고 생각한다. 그러니 파이어족이 된 것을 보고 "꿈을 이루었네"라는 말이 나올 수 있는 것이리라.

하지만 파이어족이 되는 건 끝이 아니라 시작이다. 이때까지는 순수히 내가 살고 싶은 대로 살지 못하고 주위 환경에서 요구하는 삶을 살아야 했다. 직장에서 요구하는 대로 아침에 일하러 나가 퇴근할 때까지 일을 해야 한다. 내가 쉬고 싶은 날에 쉬지 못하고, 직장이 쉬는 날인 토요일, 일요일에 쉬어야 한다. 하루 24시간 중에서 출퇴근 시간까지 포함하면 최소 10시간 이상은 직장 관련해서 할애해야 한다. 자영업을 하거나 아르바이트를 한다고 해도 마찬가지다. 먹고살 돈을 얻기 위해 못해도 하루 10시간은 소비해야 한다. 하루 24시간 중 남은 14시간은 씻고, 정리하고 잠을 자면 막상 자기가 원하는 일을 할 시간은 거의 나오지 않는다. 꿈이 있더라도 꿈을 추구할 시간이 없다.

파이어족이 되면 이제 먹고살기 위해 일해야 하는 시간이 없어진다. 그 시간을 온전히 자기 마음대로 사용할 수 있다. 그동안은 꿈을 추구하고 싶어도 꿈을 추구할 시간이 없었다. 그러나 이제 그 꿈을 추구할 시간이 생긴다. 이제 본격적으로 자기가 하고 싶은 일을 할 수 있게 된다. 오랫동안 마음속에 품고만 있었던 일들을 실천해나갈 수 있는 기회가 주어진다.

그래서 파이어족이 되는 건 꿈을 달성한 게 아니라 꿈을 본격적으로 추구할 수 있는 시작점이 된다. 꿈의 종착점이 아니라 꿈의 시작점이다. 오랫동안 마음속에 간직하고만 있던 꿈, 그동안 조금씩 조금씩만 추구할 수 있었던 꿈을 이제 온전히 추구할 수 있는 시작점에 서 있는 것이다. 누군가 파이어족이 되었다고 하면 "꿈을 달성했네"라고 하기보다는 이렇게 말해주자.

"이제 새로운 시작이네. 잘해봐."

"파이어족이 되고 난 후 행복해졌어?"

파이어족이 된 이후 주변에서 가끔 물어보는 것 중에 하나로 또 이런 게 있다.

"파이어족이 되고 난 후 행복해졌어?"

보통은 웃으며 그냥 넘어가려 한다. 아니면 얼렁뚱땅 대답하면서 얼버무리려 한다. 그런데 이 질문은 그냥 넘어가지지가 않는다. 계속 물어본다. 진지한 표정을 지으며 물어보기도 한다. 이러면 나도 이 말에 제대로 응답을 해야 한다.

내가 이 질문에 대답하기 힘든 이유는 나도 잘 모르겠기 때문이다. 일단 살아가면서 '나는 행복하다'라고 생각하거나 느낀 적이 거의 없다. '나는 행복하다'라고 생각한 적도 없고, 또 '나는 불행하다'라고 생각한 적도 없다. '나는 행복해지고 싶다'라고 생각한 적도 없다. '행복해지자'를 인생의 목적으로 세운 적도 없다. 장기적 목표로 삼은 적도 없고, 단기적으로라도 '행복해지기'를 추구한 적이 없다.

생활하다 보면 기분 나쁠 때가 있고 기분 좋을 때가 있다. 찡그릴 때가 있고 웃을 때가 있다. 화날 때도 있고, 그냥 평온할 때도 있다. 감탄할 때도 있고 눈물이 날 때도 있다. 그런데 이럴 때 난 '나는 행복하다', '나는 불행하다'라고 생각하지는 않는다. 그냥 기분이 좋고 웃음이 나오는 거지 '나는 행복하다'라고 생각하지는 않는다. 기분이 나쁘고 마음이 힘든 거지 '나는 불행하구나'라고 하지는 않는다.

사실 나는 궁금하다. 다른 사람들은 살면서 '나는 행복해', '나는 불행해'라고 인식하면서 살고 있나? '나는 작년보다 더 행복해졌어', '지난달보다 더 불행해졌어'라면서 스스로의 행복도를 체크하나? 다른 사람들은 이렇게 평소에 행복을 인식하면서 사는데 나는 행복이라는 개념에 대해 무감각한 건가? 이 점에 대해서는 난 잘 모르겠다.

나 스스로에 대해서는 이렇게 행복이라는 것에 대해 잘 모르겠긴 하지만, 어쨌든 나도 학자 나부랭이이기 때문에 학문적으로 행복이 어떤 건지, 어떻게 측정되는지에 대해서는 좀 알고 있다.

일단 행복이라는 건 유전적으로 결정되는 측면이 크다. 즉 태어나면서부터 각각의 사람에게 고유한 행복도가 정해진다는 뜻이다. 행복도는 보통 본인이 스스로 생각해서 가장 행복하다고 여겨질 때가 10점, 가장 불행하다고 여겨질 때가 0점이라고 할 때, '지금 본인의 행복도를 몇 점으로 생각하느냐'라는 기준으로 측정한다. 이때 '나는 7점'이라고 응답하는 사람이 있고, '나는 3점'이라고 응답하는 사람이 있다. 행복도는 객관적·절대적으로 측정할 수 없다. 각자가 주관적으로, 감정적으로 응답하는 수치가 본인의 행복도다.

행복도가 유전적으로 정해진다는 건 무슨 말일까? 환경이 변하고 개인적으로 특별한 일이 벌어진다 하더라도, 이 사람의 평생 행복도는 비슷하다는 의미다. 평소 특별한 일이 없을 때 '나의 행복도는 7점'이라고 응답한다면, 이후 환경이 변하고 특별한 일이 발생해도 이 7점 수치는 평균으로 작용한다. 교통사고를 겪거나 이혼을 하거나 하는 개인적으로 불행한 일이 벌어지면 5점 정도로 점수가 내려간다. 로또에 당첨되거나 승진을 하거나 하는 좋은 일이 벌어지면 8점, 9점대의 점수가 나온다. 그런데 이런 건 단기적이다. 교통사고가 나서 5점으로 점수가 내려가도 1~2년 지나면 이 사람의 점수는 다시 7점이 된다. 로또에 당첨되어 9점이 되어도 1~2년 지나면 다시 7점으로 돌아온다. 중간중간 이런저런 일을 겪으면 점수가 오르락내리락하지만, 장기적으로 이 사람의 평균은 계속 7점대에서 왔다 갔다 한다. 주변 환경, 자신의 행동 등이 장기적인 행복도에 별 영향을 미치지 못하는 것이다.

한 사람의 행복도가 인생 전체에 걸쳐 잘 변하지 않는다는 건 알겠다. 그런데 이건 개인차이지 유전적 차이라고 볼 수 있는 건 아니지 않나? 행복도가 유전에 의해 정해진다는 건 일란성 쌍둥이 연구를 통해 알게 된다. 쌍둥이로 태어났지만 어려서 서로 다른 집으로 입양되거나 한 명만 입양된 경우, 살아가는 환경은 완전히 다르다. 그런데 이 쌍둥이의 행복도는 비슷하게 나온다. 어려서 같이 사는 형제자매의 행복도는 각자 다 다르다. 이란성 쌍둥이도 서로 다르게 나온다. 그런데 일란성 쌍둥이는 어디서 살든, 나이가 들어서 어떤 삶을 살든 비슷하게 나온다. 이러면 이건 유전적 요소에 의해 정해지는 거라고 답할 수밖에 없게 된다.

친구가 "그래서 행복해졌어?"라고 물어볼 때, 가끔은 미친 척하고 위 이야기를 하곤 한다.

"행복도는 삶에서 이런저런 일을 겪는다고 해서 쉽게 달라지는 게 아니야. 이건 유전적으로 정해지는 거야. 그러니 파이어족이 되었다고 해서 크게 달라질 건 없어."

이렇게 응답하면 상대방이 "아, 그러니? 유전적으로 정해지는 거니 별 변화가 없겠구나"라고 물러서지 않는다. 보통 이런 응답이 돌아온다.

"헛소리 말고. 그래서 행복해졌냐고."

장기적으로 변화가 없다고 해도, 어쨌든 파이어족이 되고 나서 단기적으로는 어떠냐고 물어온다. 난 앞에서 말한 것처럼 행복도에 대해 생각한 적이 없으니 이 질문에 대해 바로 내 감정이나 생각을 말할 수는 없었다. 하지만 이런 질문을 여러 사람에게 계속해서 받다 보니 스스로 한번 생각을 해보게 된다.

'나는 파이어족이 된 다음에 더 행복해졌나? 그대로인가, 아니면 나빠졌나?'

스스로를 좀 돌이켜보니 이에 대해 스스로 답할 수 있게 되었다. 이에 대한 나의 현재 대답은 이렇다.

"더 행복해졌는가 하면 그건 아닌 거 같다. 행복도는 이전이나 지금이나 별 차이 없다. 그런데 불행도는 분명히 감소되었다. 불행을 느끼는 정도는 굉장히 줄어들었다."

사람들은 보통 행복과 불행을 같은 선상에서 생각한다. 행복하지 않으면 불행한 것이고, 불행하지 않으면 행복한 것으로 본다. 그런데 내가 보기에 이건 서로 다른 이야기 같다. 몸이 아프면 불행하다. 하지만 아프지 않다고 해서 행복한 건 아니다. 여행을 가면 행복하다. 그러나 여행을 가지 않는다고 해서 불행한 건 아니다. 이 둘은 서로 다른 차원의 이야기다.

파이어족이 되면 직장에서 받는 스트레스, 업무 마감, 인간관계 등에서 생기는 불편함이 사라진다. 그동안 어려워했던 일들이 사라진다. 이런 불편함이 모두 해소되는 것이고, 그러니 불행이 없어진다. 이건 분명하다.

그러나 그렇다고 해서 더 행복해졌느냐 하면 그건 아니다. 불행이 없어진 것이지 행복해진 건 아니다. 단기적으로나마 행복하기 위해서는 맛있는 것을 먹거나, 여행을 가거나, 좋아하는 사람과 시간을 보내거나 해야 한다. 즉 별도의 노력이 필요하다. 파이어족이 되었다고 해서 행복해지는 건 아니다. 행복해지기 위해서는 자기 나름대로 따로 무언가를 해야 한다.

행복감은 별 차이 없지만 불행감은 줄어든 것. 어떻게 보면 불행감이 감소되었다는 것이 행복이 증대된 것으로 해석될 수도 있을 것이다. 그런데 개인적으로 더 행복해졌다는 느낌은 없다.

"행복해졌는지는 모르겠고, 불행감은 분명 줄어들었다." 이게 행복해졌느냐는 질문에 대한 나의 대답이다.

"어디에 투자하면 좋을까?"

"어디에 투자하면 좋을까? 어떤 주식이 좋은지 추천해줘."

이전에도 가끔 이런 질문을 받았다. 내가 망하지 않고 계속 투자를 하고 있다는 걸 아는 이들로부터다. 그런데 내가 투자로 큰 수익을 얻고서 직장까지 그만두고 파이어족이 되었다는 것을 안 다음에는 더 많은 사람들이 이런 질문을 한다.

사람들은 내가 투자로 파이어족도 되고 하니 내가 투자에 대해 정말 잘 아는 것으로 생각한다. 그러나 그게 그렇지가 않다. 앞으로 뭐가 오르고 떨어질지 나도 모른다. 그냥 이럴 거 같다, 저럴 거 같다는 정도로 생각하는 것이고, 오를 거 같은 종목을 여러 개 샀는데 그중 크게 오른 것들이 나와서 수익이 난 거다.

결과론적으로는 그렇게 되었지만, 처음부터 이거는 분명히 오른다, 이 종목에서 큰 수익이 난다고 100% 예상했던 게 아니다.

그래서 이 질문에 대한 나의 대답은 "나도 모른다"다. 그걸 어떻게 아는가. 그걸 알면 내가 지금 여기서 이러고 있겠나. 한국의 워런 버핏으로 이름을 날리고 갑부가 되었을 거다.

그런데 "나도 모른다"라는 대답에 "그렇구나. 너도 모르는구나. 할 수 없지"라면서 물러서는 사람은 거의 없다. 알면서 안 가르쳐주는 기로 생각한다. 하지만 주식을 추천해주고 그 주식이 정말로 올랐을 때 내가 손해 보는 게 뭔가? 상대방이 수익을 얻을 때 내가 손해를 본다면 또 모르겠지만, 추천한 주식이 오르면 나도 돈을 벌고 상대방도 번다. 알고 있는데 말 안 해줄 이유는 없다. 내가 말할 수 없는 건 나도 모르기 때문이다.

그냥은 내가 말 안 해주는 걸 알게 되면 질문을 바꾼다.

"너라면 무얼 사겠어?"

지금 내가 투자할 돈이 있다면 무얼 살까. 그냥 그것만 이야기 해달란다. 여기서부터는 나도 고민에 빠진다. 그냥 안면만 있는 사람이라면 얼버무릴 수 있지만, 친한 사람이 진지하게 물어보면 계속 대답을 피할 수만은 없다. 계속 진지하게 물어보면 나도 진지하게 대답해야 한다.

내게 지금 투자할 돈이 추가로 주어진다면 사고 싶은 종목은 물론 있다. 그러나 종목만 이야기하는 건 이 친구에게 아무런 도움이 안 된다. 지금은 이러저러한 이유 때문에 이 주식이 좋다고 생각한다. 지금은 '이러저러한' 이유 때문에 추천하는 것이다. 만약 그 이유가 '매출이 15% 증가되어서'라면 앞으로 매출이 떨어지거나 하면 그때는 팔아야 한다. 종목은 중요하지 않다. 팔고 사는 이유가 중요하다. 그래서 이유를 좀 이야기하려고 한다. 그런데 이때 반응은 보통 이렇다.

"그런 건 됐고. 어떤 게 좋을지만 이야기해줘."

내가 예상하는 건 장기다. 몇 년 후 어떻게 될까를 생각하지, 내년에 어떨지, 다음 달이 어떨지는 전혀 모른다. 내일, 다음 주가 어떨지는 아예 머릿속에 떠올리지도 않는다. 이런 나의 스타일을 말하면 당당하게 이야기한다.

"나도 장기투자하려고. 앞으로 5년, 10년 후에 크게 오를 거를 이야기해줘. 사놓고 가만히 두고 있으면 오를 거."

10년 후를 제대로 예측한다는 건 불가능하다. 그러나 어쨌든 내가 '앞으로 좋아지겠지'라고 생각하면서 사고 싶은 종목이 있는 건 사실이다. 상대방은 그게 뭔지 듣기를 원한다.

"장기적으로 가장 가능성 있어 보이는 건… 비트코인이지."

내가 장기적으로 좋아 보이는 종목으로 비트코인을 이야기하면 반응은 보통 두 가지다. 하나는 '비트코인이 아직도 더 오를 것으로 봐?'라는 반응이다. 나는 그렇게 본다. 하지만 보통 상대방은 그렇게 보지 않는다. 좋다고 해도 이미 오를 만큼 올랐고, 더 이상 오를 거라고 보지는 않는다. 어쨌든 내 말을 듣고 비트코인을 살 생각은 없다.

내가 비트코인을 이야기할 때 또 다른 반응은 '코인은 말고'다. 코인의 부정적인 면에 대해 충분히 알고 있다. 실체도 없고, 안정적이지 못하고, 투기꾼이나 하는 거고, 사기의 집합체이고 등등이다. 코인은 투자 대상으로 생각하지 않는다. 코인은 말고 제대로 된 주식을 이야기해달라고 한다.

그러면 난 내가 장기적으로 볼 때 많이 오를 거라고 생각하는 주식을 이야기한다. 내가 추천할 수 있는 주식은 몇 개 없다. 그리고 한국 주식이 아니라 보통 미국 주식이다. 어쨌든 추천 종목을 이야기하면 반응은 이렇다.

"그 주식은 너무 비싼데."

괜찮은 미국 주식이라면 한 주에 몇십만 원은 한다. 내 기준으로는 1만 원 주식 100주나 100만 원 주식 1주나 똑같은 것인데, 사람들은 보통 그렇게 생각하지 않는다. 주가가 높은 주식은 비싸다고 생각해서 구입을 주저한다. 1만 원짜리 초밥은 먹지만, 20만 원짜리 초밥은 사 먹지 않는 것과 비슷하게 생각하는 것 같다.

여기까지 오면 이제 더 이상 내가 제대로 말할 수 있는 건 없게 된다. 이 정도에서 대화가 멈추면 여기까지인 거고, 이 이후로도 계속 질문이 오면 나도 더 이상 확신을 가지고 대답할 수 없게 된다. 그냥 60~70% 정도 좋아질 거라고 생각하는 걸 이야기하게 된다. 말하지 않으면 뭔가 숨기고 있다고 오해를 한다. 그냥 대강대강 괜찮아 보이는 종목 중에서 몇 개를 말한다. 이때가 되면 이런 질문에서 빨리 벗어나는 게 나로서도 좋다.

또 가끔 문의가 들어온다. "이 종목 어때 보여?"라면서 자기가 지금 관심을 가지고 있는 종목, 살까 말까 망설이는 종목에 대해 나의 의견을 구한다. 이렇게 물어보는 종목은 보통 내가 처음 들어보는 종목이다. 설사 이름은 들어봤어도 내용은 전혀 모른다.

어쨌든 물어보았으니 대답은 한다. 나는 왜 이 종목에 관심을 가지게 되었는가 물어본다. 보통 대답은 '누가 추천해서'다. 주변 사람이나 유튜브에서 추천한 종목들이다. 그리고 이 종목이 오를 거라고 하는 근거는 '앞으로 유망한 종목이라고 해서'다. 매출이 오르나? 오를 거라는 말을 유튜브에서 들은 것이고, 진짜 매출이 오르는지 아닌지는 모른다. 재무제표를 보고 확인하지는 않았다. 그냥 유튜브, 아니면 주변인이 추천하는 말만 들었다.

내가 수치를 확인하면 좋은 기업은 별로 없다. 만약 정말로 좋은 기업이면 이미 최근 충분히 주가가 오른 기업이다. 충분히 올랐다기보다는 과도하게 오른 경우가 더 많다. 크게 오르니 사람들의 관심을 받고 이제 추천 종목에 오른 것이다.

결국 나의 반응은 좋지 않다. 누가 이 종목 어떠냐고 물어봤을 때 내가 긍정적으로 대답한 경우가 거의 없다. 난 상대방의 투자 기대에 찬물만 끼얹고 있다.

투자에 대해 물어보는 사람들은 계속 나온다. 하지만 난 상대방이 기대하는 대답은 해주지 못하고 있다. 상대방은 나에게 기대를 하지만, 내가 제대로 응대하기 곤란한 주제다.

6장

파이어족이 되어도
벗어나지 못하는 것, '돈, 돈, 돈'

예상했던 지출 목표보다 더 많이 쓴다

직장을 그만둘 때, 앞으로 몇십 년 동안 버틸 수 있는 자금이 있다는 것을 계산하고 그만두었다. 지금 당장 직장에서 버는 금액을 기준으로, 그 지출이 죽을 때까지 계속 이어진다고 생각하고 계산했다. 그러면 지금 생활수준을 낮추지 않고 죽을 때까지 지금 이대로 살아갈 수 있다.

한 달에 500만 원을 사용하고 있다면, 1년에 6,000만 원, 앞으로 40년을 산다고 하면 24억 원이 되는 식이다. 이 돈을 모두 다 현금으로 가지고 있는 건 아니다. 대부분의 재산은 부동산이다. 현금이 떨어지면 부동산을 팔아서 사용하면 된다. 어쨌든 지금 지출하고 있는 한 달 생활비를 기준으로 계산을 했다.

파이어족으로 지내고 바로 알게 된 사실이 하나 있다. 원래 생각한 것보다 지출이 더 많다. 첫 달부터 바로 지출이 원래 계획보다 많다는 것을 알았다. 하지만 첫 달은 처음이니까, 직장을 그만두고 이런저런 일이 많으니까 지출이 더 많은 것이고 곧 원래 지출 수준으로 돌아올 거로 생각했다. 하지만 아니었다. 늘어난 지출 수준은 다시 줄어들지 않는다. 늘어나면 늘어났지 줄어들지가 않았다.

뭐가 문제였을까? 이유는 바로 알 수 있었다. 식상을 다니던 시절, 아침에 일어난 후 낮에는 직장일을 한다. 나는 교수였기에 매일매일 시간 맞춰 학교에 갈 필요는 없었지만, 어쨌든 강의를 하고 학교 일은 해야 한다. 이렇게 업무를 하다 보면 따로 돈 쓸 일은 없다. 개인적으로 돈을 쓰는 것은 저녁이나 주말뿐이다.

직장을 그만두었다. 이제는 낮 시간이 자유롭다. 그럼 이 낮 시간에 무얼 할까? 미술관을 갈 수도 있고, 점심시간에 친구 회사 앞으로 가 같이 점심을 먹을 수도 있다. 영화를 봐도 되고, 운동을 해도 된다. 자전거를 타고 한강을 달릴 수도 있다. 카페에 가서 책을 읽기도 하고, 여행을 가기도 한다.

회사 업무를 안 하고 이런 일을 하니 좋기는 하다. 그런데 문제가 있다. 이런 활동을 하는 데는 반드시 돈을 써야 한다는 점이다. 이전에는 이런 활동들을 하더라도 주말에만 했다. 그런데 이제 이런 활동을 매일매일 한다. 이전에는 방학 때만 여행을 다녔다면, 이제는 평일에도 여행을 간다. 그런데 그게 다 돈이다.

그런 활동들을 하다 보면 지출액이 점점 커진다. 파이어족이 된 상태에서 지출액이 더 커진다는 건 간단한 일이 아니다. 난 이제 앞으로 추가적인 수입이 없다. 지금 있는 돈으로 죽을 때까지 살아야 한다. 원래 계획보다 지출을 더 많이 하면 돈이 더 빨리 떨어지게 된다. 90세까지 살 수 있는 돈을 마련해놓았다면, 돈을 더 쓰면 85세 정도에 돈이 떨어진다. 돈을 더 많이 쓰면 80세에 땡전 한 푼 없게 될 수도 있다. 이건 심각한 이야기다.

그러면 지출액을 직장 다닐 때와 똑같이 하면 되지 않나? 하지만 직장 다닐 때와 지출액을 똑같이 한다는 이야기는 낮 동안에 아무것도 돈 쓸 일을 하지 말아야 한다는 이야기다. 그럼 낮에 그냥 집에서 8시간, 10시간을 있어야 한다는 뜻이다. 회사를 그만두고 파이어족이 된 다음에 그냥 집구석에 처박혀 매일 지내야 한다고? 그건 아니다. 그렇게 지내야 한다면 그냥 회사를 다니는 게 훨씬 더 나은 거다.

그럼 어떻게 해야 하나? 평일 낮에 나가서 무얼 하든 움직이면 돈이 든다. 원래 생각한 지출액보다 훨씬 더 많이 쓴다. 이런 상태로 나이가 들면 반드시 문제가 된다. 마이너스가 나지 않게 하기 위해선 지출액을 최소한 회사 다닐 때만큼으로 유지해야 한다. 그런데 그건 낮에 아무것도 안 하고 집에 틀어박혀 있거나, 아니면 돈 안 드는 산책만 한다는 뜻이다. 하지만 파이어족이 되어서 얻은 자유시간을 그런 식으로만 쓰는 건 파이어족이 된 의미가 없다.

그리고 알게 된다. 이건 파이어족의 문제만은 아니고 은퇴한 사람들 모두가 겪는 문제였다. 사람들은 정년퇴직을 하면 그때부터는 자유롭게 하고 싶은 일 하면서 잘 살게 될 것으로 생각한다. 연금을 받을 나이가 아닌데 퇴직을 하면 연금 받을 때까지 살아갈 방법을 또 찾게 되겠지만, 정년까지 업무 활동을 하고 은퇴를 하면 자유롭고 활기찬 노년이 기다리고 있을 것으로 기대한다. 국민연금을 받으면서, 또 그동안 부은 적금, 보험, 개인연금을 이용해서 새로운 삶을 살 것이다.

그런데 그럴 리가 없는 것이다. 연금은 아무리 많이 받는다 하더라도 직장에서 받아온 월급보다는 적은 금액이다. 연금으로 살기 위해서는 지금의 생활수준을 팍 낮추어야 한다. 그래야 생활이 가능하다. 직장 다닐 때보다 생활수준이 팍 낮아지는데 유유자적한 노년 생활이 될 수는 없다.

적금, 보험, 개인연금이 있다고 해도 마찬가지다. 이 돈은 앞으로 몇십 년이 될지 모르는 노후를 대비하는 돈이다. 줄기만 할 뿐 앞으로 더 늘어날 일은 없다. 은퇴한 후 호기롭게 써버렸다간 나중에 가진 돈 하나 없는 사태가 발생할 수 있다. 이 돈을 앞으로 몇십 년 동안 조금씩 조금씩 써야 한다고 하면, 지금 당장 기분 좋게 쓸 수 있는 돈은 없다. 은퇴하고 유유자적하게 하고 싶은 거 하면서 편하게 산다는 건 신화다. 은퇴하면 생활수준을 팍 줄이고, 있는 돈 아끼면서 그냥 조용히 살아야 하는 거였다.

한 친구가 직장에서 명예퇴직을 하면서 조언을 구한다. 명예

퇴직을 하니 일시불로 돈도 많이 받는다. 그동안 모아놓은 돈, 정식 퇴직금 등을 합치면 지금 월급의 10년치 정도의 돈이 된다. 이 정도면 은퇴한 후 살아가는 데 충분하지 않을까?

이전의 나라면 "그 정도면 괜찮겠네"라고 말했을 것이다. 하지만 지금은 아니다. 괜찮기는 하지만 조건이 있다. 생활수준을 팍 낮추어야 한다. 그리고 은퇴했다고 해서 새로운 취미 활동을 하거나, 여행을 많이 다니거나 하지 말아야 한다. 쉬운 것 같으면서도 쉽지 않은 일이다. 직장을 안 다니면서 생기는 그 많은 시간을 돈 쓰지 않고 어떻게 보낼지 많은 고민을 해야 할 것이다.

어쨌든 나는 파이어족이 된 다음에 지출이 확 늘었다. 평일 낮에도 집에 처박혀 있지 않고 나가서 뭔가 새로운 취미 활동을 하려 했으니 당연한 결과다. 몇 달이 지나자 사태의 심각성을 알게 된다. 이대로 갔다간 예상보다 훨씬 빨리 있는 돈을 다 써버리게 된다. 10년 내는 괜찮겠지만, 20년 후, 30년 후는 분명 심각한 결과를 가져온다.

그럼 어떻게 해야 하나? 두 가지 방법밖에 없다. 지출을 줄이거나, 돈을 더 벌거나. 지출을 줄이는 건 지금 하는 활동을 하지 말아야 한다는 이야기다. 그냥 집에서 넷플릭스 보고 집 근처 산책하면서 하루를 보내야 한다는 뜻이다. 그건 내가 바라는 생활이 아니다. 한두 달 정도는 그런 식으로 살아도 괜찮을 것이다. 하지만 앞으로 20년, 30년을 그런 식으로 보낼 수는 없다.

그러면 나머지 방법은 하나뿐이다. 돈을 더 버는 것. 지금 늘어난 지출에 맞게 돈이 더 많아지는 것. 내가 일정 금액 이상의 돈을 벌 수 있는 방법은 투자뿐이다. 결국 난 다시 투자 쪽으로 눈을 돌리게 된다. 더 이상 돈을 벌지 않아도 살 수 있게 되었다고 생각했는데, 다시 투자를 해야만 살 수 있는 삶으로 되돌아왔다. 파이어족이 되면서 생활수준을 유지하려면 돈이 더 필요하다는 걸 몰랐던 무지의 탓이다.

돈을 벌기 위한 투자,
돈을 지키기 위한 투자

원래 이 정도 돈이면 앞으로 충분히 살아갈 수 있겠다는 생각으로 파이어족이 되었다. 그런데 막상 파이어족이 되어보니 미리 예상한 돈으로는 부족하다. 돈을 더 벌어야겠고, 그래서 돈을 벌기 위한 투자가 더 필요하다는 생각을 하게 되었다.

그런데 사실 투자를 계속 해야겠다는 생각이 든 건 이 한 가지 이유만은 아니다. 다른 한 가지 이유가 더 있다.

일정 금액이 되어서 파이어족이 되었다. 파이어족이 되면서 가장 걱정하고 고민한 건, 지금 이 돈이 앞으로 계속 유지될 수 있느냐 하는 점이다. 나는 비트코인, 주식으로 현금 자산이 늘어나 파이어족을 선택할 수 있었다. 그런데 비트코인, 주식은 안정적인 것이 아니다. 가격이 출렁인다. 더 오를 수도 있지만 폭락할 수도 있다. 직장이 있고 따로 정기적인 수입이 있는 상태에서 이런 것들이 폭락한다면 그건 괜찮다. 폭락해서 속상하기는 하겠지만 살아가는 건 별문제 없다. 하지만 회사를 그만두고 이 돈만 믿고 있는 상태에서 폭락한다면? 이때는 문제가 심각해진다. 주식과 비트코인에 대부분의 돈을 넣고 있으면 안 된다. 이 돈이 크게 떨어지지 않고 안정적으로 현재 수준을 유지할 수 있는 곳에 돈을 집어넣어야 한다.

안정적인 곳에 돈을 넣어야 한다고 해서 은행의 정기예금을 든다거나 CMA 등 저축 상품에 든다거나 할 수는 없다. 보통 사람들이야 돈을 안정적으로 운영한다고 할 때 그런 데다 돈을 집어넣을 것이다. 하지만 나는 그래도 명색이 투자자다. 투자자는 최소한 은행 이자 이상의 수익은 원한다. 은행 이자, CMA에 넣었을 때 받을 수 있는 수익은 애초에 고려 대상이 아니다. 그 이상의 수익이 나올 수 있는 곳에 돈을 넣어야 한다. 그런 곳은 어디일까?

나는 투자처를 두 가지로 구분한다. 돈을 지키는 투자처, 그리고 큰돈을 벌 수 있는 투자처. 돈을 지키는 투자처는 돈을 잃지 않고 은행 이자 이상의 수익을 안정적으로 얻을 수 있는 가능성이 높은 투자처다. 크게 폭락한다거나 망할 가능성이 굉장히 낮으면서 일정 수준 이상의 수익을 기대할 수 있다. 그 대신 큰돈은 벌지 못한다. 물론 폭락하거나 망할 가능성이 낮다고 해서

0%, 1~2%대로 낮은 건 아니다. 투자인 이상 그렇게 안정적인 건 없다. 다만 다른 투자 상품에 비해 안정적이라는 뜻이다. 가장 대표적인 것이 배당주 투자, 리츠 투자, 채권 투자 등이다. 이런 건 은행 이자보다 높은 수익을 준다. 그리고 망할 가능성이 낮다. 하지만 2배, 3배의 수익을 얻을 가능성도 없다.

이에 비해 큰돈을 벌 수 있는 투자처는 몇 배 이상의 수익이 가능하다. 10배 이상의 폭등도 가능하다. 그러나 이런 투자는 쫄딱 망할 가능성도 높다. 말 그대로 고수익 고위험이다. 비트코인이나 미국 성장주가 이런 유의 투자다.

그동안 난 어떤 투자를 해왔나? 여러 가지 투자를 해왔다. 배당주도 찾아보았고 공모주도 찾아보았다. 저 PER주, 저 PBR주를 대상으로 하는 시스템 투자도 해보았다. 이런 투자들은 분명 이익이 났다. 그런데 수익률이 높지 않았다. 은행 이자보다는 높지만, 그렇다고 연 10% 이상의 수익을 기대할 수는 없었다. 용돈용으로는 좋다. 하지만 부자가 될 수 있는 수익은 아니었다.

이런저런 투자법을 시행하다가 결국 나는 잃을 가능성이 있기는 하지만 그래도 잘되면 부자가 될 수 있는 투자법을 선택했다. 4년에 2배, 그러니까 10년에 10배 될 수 있는 종목들을 찾으려 했고, 그러다 보니 비트코인, 기술 성장주에 초점을 맞추게 된 거다.

최근 몇 년 동안은 이런 식의 투자를 해왔다. 이 방법으로 다행히 파이어족이 될 수 있는 자금이 만들어졌다. 하지만 앞으로 중요한 것은 고수익보다는 지금 있는 돈을 잘 관리하고 지키는 것 아닌가. 지금 있는 돈을 잃어버리면 정말로 늙어서 가난에 쪼들리게 된다.

투자 방법을 바꾸기로 했다. 부자가 될 수 있는 투자법에서 지키는 투자로. 수익률은 좀 낮더라도 크게 잃지 않는 투자법으로 변경하려고 했다. 배당주를 찾아보고, 배당주 ETF, 채권, 부동산 리츠 상품 등을 살펴보기 시작했다. 연 6% 정도의 수익률이 나올 수 있는 투지 상품들을 찾았다.

그렇게 몇 달이 지났다. 그런데 이건 아니라는 생각이 들기 시작한다. 무엇보다 문제는 나 자신의 사고방식이다. 부자가 되기 위한 투자, 돈을 벌기 위한 투자가 아니라 지키기 위한 투자에 초점을 두다 보니 생각이 소극적이 되어간다. 판단 기준이 어떻게 하면 수익을 올릴 수 있을까가 아니라 어떻게 하면 망하지 않을까, 돈을 잃지 않을까다. 그동안 적극적인 사고방식을 가지고 있었다면, 이제는 소극적인 사고방식이 된다.

투자에 대해서만 이런 생각을 하게 되는 게 아니다. 일상 사고방식에서도 그런 면이 나타나기 시작한다. 앞으로 더 나아지는 것을 추구하기보다는 지금 있는 것을 지키고 유지하려는 사고방식이다. 전에는 새로운 것을 시작하려 했다면 이제는 기존에 하던 거나 잘하자가 되고, 전에는 그동안 가지 않았던 나라, 새로운 나라, 오지, 험지도 가려고 했다면 이제는 많이 가본 나라, 익숙한 나라만 가려고 한다. 새로운 나라를 가면 위험하다. 많이 가본 나라, 도시를 가는 게 안전하다. 안전을 추구하다 보면 그렇게 여행 패턴도 달라지게 된다.

지키기 위한 투자, 돈을 벌기 위한 투자는 단지 개인의 투자 목적, 투자종목 선택에만 영향을 미치는 게 아니었다. 자신의 사고방식이 소극적이 되느냐, 적극적이 되느냐에 대해서도 전반적으로 영향을 미치는 거였다. 이렇게 소극적으로 사는 것도 괜찮겠지. 그런데 삶의 재미가 없어진다. 축구 경기에서 골을 넣기 위해 뛰는 축구와 골을 먹지 않기 위해, 지금 점수를 지키기 위해 하는 축구는 완전히 다르다. 골을 넣기 위해 뛸 때 축구 게임이 재미있다. 있는 점수를 지키기 위한 축구는 재미가 없다. 뭔가 얻으려 뛰는 삶에 뭔가 이야기가 있는 거다. 지금 있는 걸 지키려고 하는 삶은 지키는 축구 경기처럼 재미가 없다.

이런 소극적이고 재미없는 삶을 추구할 수는 없다. 설사 크게 잃을 가능성이 있다 하더라도 역시 투자는 부자가 되기 위한 투자를 해야 하는 거였다. 그래야 미래에 대한 기대가 있고 활력이 있다. 물론 그에 비례해서 걱정과 두려움도 커지지만, 그래도 그게 지키기 위한 삶보다는 나은 것 같았다.

결국 지키기 위한 투자에서 부자가 되기 위한 투자로 다시 돌아갔다. 난 앞으로 크게 잃을 수도 있다. 그러나 지금보다 더 큰 부자가 될 수도 있다. 결과는 모른다. 그러나 어쨌든 지키는 투자보다는 부자가 될 수 있는 투자가 나에게는 더 맞는 것 같다. 지키기 위한 투자는 너무 삶의 활력이 떨어진다.

곳간 헐어 생활비로 쓰다

직장을 그만두고 처음에는 퇴직금 받은 돈으로 생활비를 충당했다. 몇 달 지나 퇴직금이 다 떨어졌다. 이제부터 정말로 파이어족으로서의 지출이 시작된다. 그동안 투자로 번 돈으로 생활비를 쓰기 시작했다. 파이어족이 살아가기 위해서는 매월 월세 수입이 있거나, 그동안 모아놓은 돈이 있어야 한다. 난 부동산 월세 수입에 의존하기보다는 그동안 모아놓은 돈으로 쓰기로 했고, 이제 드디어 모아놓은 돈으로 생활비를 지출하는 삶이 시작된다.

이렇게 모아놓은 돈을 빼서 쓰기 시작한 지 한두 달 지나자마자 바로 느끼게 된다. 굉장히 기분이 나쁘다. 이런 식으로는 정말 곤란하다. 어떻게 해야 하나 고민이 시작된다.

돈을 빼서 쓰려면 어떻게 해야 하나. 사람들이 전 재산을 자기가 평소 사용하는 통장에 현금으로 모아두지는 않는다. 생활비로 쓰는 돈은 일반 통장에 있지만, 가외의 돈은 정기예금이나 정기적금에, 혹은 CMA나 펀드에 예치하기도 한다. 투자를 하는 사람이라면 주식으로 가지고 있다. 돈을 빼서 쓴다는 이야기는 정기예금, 정기적금을 해약해서 쓴다는 이야기고, CMA나 펀드를 그만둔다는 이야기다. 그리고 무엇보다 가지고 있는 주식을 판다는 이야기다.

보통 언제 정기예금, 정기적금, 펀드를 해약하나. 재정적으로 굉장히 어려울 때, 무슨 일이 생겼을 때다. 정기적금, 펀드를 도중에 해약한다는 건 절대 좋은 일이 될 수 없다. 보통 사람들에게는 재정적으로 굉장히 어려울 때 발생하는 일이, 파이어족이 되니 일상이 되어버린다. 기분이 되게 안 좋다.

가장 문제가 되는 건 이제 드디어 주식을 팔아야 하는 상황이 되는 때다. 나는 투자자다. 제조업자에게 공장이 사업의 기반이듯이 투자자에게는 주식이 기반이다. 제조업자가 공장을 파는 건 사업 기반을 망가뜨리는 일이다. 마찬가지로 투자자는 주식을 팔면 안 된다. 주식이 더 이상 오를 것 같지 않아서 팔 수는 있다. 하지만 그렇게 팔더라도 다른 주식을 사거나, 다른 주식을 살 수 있도록 준비금으로 가지고 있어야 한다. 주식을 팔아 생활비로 쓴다는 건 투자자로서 자살 행위다.

주식을 팔기는 정말로 싫다. 더구나 이 주식은 앞으로 오르겠지 하고 고르고 고른 주식이고, 아직 그 기대가 사라지지 않았다. 앞으로 2배, 3배가 될 수 있는 주식이라고 믿고 있다. 그런데 지금 당장 생활비가 없다. 주식을 파는 것 말고는 돈이 나올 구석이 없다. 그러면 주식을 팔 수밖에 없다.

파이어족이 된 이후 몇 달 동안은 퇴직금 등으로 살았다. 그 이후는 계속해서 주식을 팔면서 생활한다. 팔 때마다 미치겠다. 정말로 팔기 싫다. 그러나 팔 수밖에 없다. 어쩌다 한 번이 아니라 1년 내내 계속해서 판다. 기분이 정말 나쁘다.

주식을 팔아 생활비로 충당하면서 자산 총액이 계속 감소한다. 자산 총액이 감소할 것이라는 점에 대해서는 처음부터 알고 있었다. 난 있는 자산을 처분하면서 살아갈 거라고 생각했고, 그럼 앞으로 계속해서 자산 총액은 감소할 것이다. 이렇게 감소해도 몇십 년은 아무 문제 없다고 생각하고 직장을 그만두었다. 그런데 막상 계속해서 자산 총액이 감소하는 것을 지켜보면 기분이 나쁘다. 곳간에서 곡식을 빼먹으며 살고 있는 것인데, 곳간에서 곡식을 뺄 때마다, 그리고 점점 줄어드는 곳간을 볼 때마다 기분이 나쁘다.

있는 돈 빼먹으며 사는 게 이렇게 기분 나쁜 일인지 몰랐다. 많이 쌓여 있으면 좀 빼먹어도 아무 상관 없겠지 생각했다. 그런데 아니었다. 최소한 생활비는 새로 들어오는 돈, 수입으로 충당해야 하는 것이었다. 곳간에서 계속해서 빼 쓰는 생활은 문제가 있었다. 이게 어느 정도 싫은가 하면, 따로 생활비를 벌기 위해 일을 해야 하나를 생각할 정도다. 일하기 싫어서 파이어족이 되어놓고서는, 있는 돈 빼먹는 과정이 싫어서 다시 일해야 하나를 생각한다. 그 정도로 있는 돈 빼먹으며 사는 게 정신적으로 스트레스다.

주식 팔아 사는 생활이 만족도가 굉장히 떨어진다는 걸 알게 되었다. 따로 수입이 있어서 그 돈으로 생활을 했으면 좋겠다. 그런데 방법이 없다. 난 지금 다른 수입 루트가 없다. 결국 주식을 팔아 생활비로 쓰고, 그 생활비가 다 떨어지면 다시 주식을 파는 패턴을 계속 하고 있다. 주식을 팔 때마다 어떤 주식을 팔지, 얼마나 팔지를 고민한다. '이건 팔면 안 되는데, 지금 팔면 안 되는데'라고 한탄하면서 계속 매도 주문을 누르고 있다. 아까워서 조금만 팔면 다시 팔아야 하는 시점이 금방 다가온다. 이 고민의 시점을 늦추려면 많이 팔아야 하는데, 한 번에 많이 파는 것도 스트레스다. 현실적으로 파이어족이 되고 나서 가장 힘든 일 중 하나다.

사행산업, 난 이쪽 분야 사람이었다

살다가 이런저런 분야를 경험하다 보면 '난 이쪽 분야 사람이구나'라는 걸 느낄 때가 있다. 나는 이런 느낌을 살면서 딱 두 번 느꼈다. 정확히 말하면 두 번 느낀 게 아니라, 두 가지 분야에서 느낀다. 그 두 가지 분야를 대할 때마다 '난 이쪽 사람인데…'라는 걸 느낀다.

다른 사람들도 이런 걸 느끼는지는 잘 모른다. 보다 많은 분야에서 이런 걸 느끼는 사람도 있을 것이고, 한 번도 느끼지 못한 사람도 있을 것이다. 어쨌든 난 두 가지 분야를 대할 때 그런 걸 느낀다.

두 가지 분야 중 하나는 사행성 분야다. (다른 하나는 '신비주의'다.) 우리나라에서는 사행성이라고 단어를 좀 중화시켜 쓰지만 노골적으로 말하면 도박이다. 난 교수로 있을 때 사행산업이 주요 연구 분야 중 하나였다. 내가 사행산업 분야에서 나름대로 연구를 많이 하게 된 이유는 별게 아니다. 우리나라 사람은 사행산업, 도박을 굉장히 부정적으로 본다. 특히 박사를 받고 교수를 하고 있는 연구자들이나 정책 담당자들은 도박에 대해 보통 사람들보다 더 부정적이다. 그래서 사행산업에 대해 연구하는 사람, 사행산업 정책을 만드는 사람들 중에서는 직접 카지노를 가고 경마, 경륜을 한 사람이 없다. 그런데 난 카지노, 경마, 경륜 등을 직접 한 경험이 있다. 직접 경험을 하고 연구자로 있으니 다른 연구자들과 차별이 된다. 내가 사행성 분야에서 논문을 쓰고 프로젝트를 하고 한 건 그런 이유가 크다.

하지만 내가 카지노와 경마장을 다닌 건 옛날이야기다. 최근에는 이런 곳을 거의 가지 않았다. 교수를 그만두고 파이어족이 된 이후에 사행산업 관련 자문이 들어왔다. 이쪽에 대해 뭔가 이야기를 하려면 요즘은 어떻게 변했는지 확인해보아야 한다. 정말 오랜만에 경마장, 경정장 등을 들렀다. 경정장에서 보트 경주가 열리는 것을 보고 있을 때였다. 그때 이런 생각이 지나갔다.

'난… 이쪽 분야 사람이구나….'

사실 이건 지금 처음 받은 느낌이 아니다. 과거에도 카지노, 경마장, 경륜장 등을 갔을 때 그런 느낌을 몇 번 받았었다. 그런데 지금 오랜만에 들른 경정장에서 다시 그 느낌을 받는다. 난 이 분야에 있어야 하는 사람이다. 객관적인 연구자가 아니라, 이 게임장에 들어가 직접 베팅을 하고 도박을 해야 하는 사람인 거다.

과거에도 그런 느낌을 받기는 했지만 이 분야에서 적극적으로 진짜 베팅하고 할 생각은 못 했다. 그 느낌이 진짜인지도 의심스러웠고, 무엇보다 그럴 시간이 없었다. 경마, 경륜, 경정은 직접 경기장이나 장외발매소를 가야 한다. 경마, 경륜은 금, 토, 일 3일 열린다. 주말마다 계속 가야 한다는 건데 그럴 시간은 없다. 경정은 수, 목 이틀 열린다. 평일에 하루 종일 거기 가서 앉아 있기는 더 힘들다. 난 나름대로 바쁘게 살던 사람이었다. 계속 마감이 이어지는데 온종일 이런 곳에 가서 시간을 보낼 수 있는 여유는 없었다.

하지만 이제 그럴 수 있는 시간이 된다. 이제는 한번 시도해봐도 되지 않을까. 더구나 예전에는 온라인 베팅이 없어 경기장, 장외발매소를 직접 방문해야 했다. 그러나 이제는 경륜, 경정은 온라인 베팅이 가능하다. 직접 경기장을 가서 하루 종일 앉아 있지 않아도 되니 이제는 시작해도 되지 않을까?

경마, 경륜 사이트에 들어간다. 그런데 하다 보니 이것도 문제다. 한국에서 사행산업 베팅은 10만 원이 한도다. 한 게임에 10만 원 이상은 베팅이 금지되어 있다. 과거에는 10만 원 한도가 있어도 그냥 여러 번 구입하는 방식으로 얼마든지 더 베팅할 수 있었다. 그러나 이제는 그것도 쉽지 않다. 감시하는 눈이 있고,

CCTV 등이 잘되어 있어 계속 그러면 발각된다.

문제는 내가 10만 원 베팅 한도로는 성이 차지 않는다는 점이다. 나는 주식, 코인 투자를 하는 사람이다. 하루 몇백만 원은 그냥 움직이고, 하루 몇천만 원도 쉽게 움직인다. 하루이틀 사이에 억대의 돈이 빠지기도 한다. 그렇게 몇백, 몇천만 원이 오르락내리락하는 것에 익숙해져 있고, 그렇게 왔다 갔다 해도 눈 하나 깜박하지 않게 되었다. 그런데 베팅을 10만 원만 하란다. 하루 종일 모든 게임에 다 베팅하고, 모든 게임에서 한 번도 못 이기고 다 잃기만 해도 하루 최대 150만 원이다.

그런데 모든 게임에서 다 잃기는 힘들다. 카지노에서 룰렛 홀짝 게임을 하는데, 15게임을 모두 잃는 건 15게임 모두 따는 것만큼 힘들다. 그것보다 문제는 기대 수익이다. 투자에서는, 그리고 게임에서는 계속 잃어도 한두 번 잘하면 이전에 잃은 것을 모두 보충하고 수익이 날 수 있어야 한다. 그래야 제대로 된 게임이다. 그런데 10만 원 베팅 한도에서는 이게 불가능하다. 10만 원 베팅 한도에서는 아무리 잘해도 얻을 수 있는 수익이 한정된다. 몇 번 잃으면 다음에 아무리 잘해도 잃은 금액을 메꿀 수가 없다. 이런 대상에는 투자를 하면 안 된다. 경마, 경륜도 한국에서는 한계가 있는 거였다.

10만 원 베팅 한도는 예전부터 있었던 제도였다. 하지만 난 10만 원 베팅 한도가 문제가 있다고는 생각했지만, 경마, 경륜 등을 완전히 포기할 정도로 큰 규제라고는 생각하지 않았다. 베팅에 한계가 있고 베팅의 자유도가 저해된다고 생각하는 수준이었다. 생각해보니 그때는 내가 한 게임에 10만 원을 베팅할 수준이 안 되었다. 경마장을 갈 때 많아야 현금 10만 원 들고 가는데 어떻게 10만 원을 베팅할 수 있나? 이때는 소소하게 한 번에 5,000원, 1만 원을 베팅한다. 그러나 지금은 아니다. 지금은 하루를 할애하고 가서 한 게임에 5,000원, 1만 원을 베팅할 수는 없다. 아무리 잘해보았자 하루 일당도 안 나온다.

난 '역시 이쪽 계통 사람이었어'라며 이 분야에 들어갔다. 하지만 바로 나오게 된다. 내가 아무리 이쪽 계통 사람이라 하더라도 그걸 할 수 있는 제도와 환경이 갖추어져 있어야 한다. 그런 환경이 되어 있지 않은데 이 분야에 빠져들기는 힘들다. 외국에서는 스포츠 게임의 승부를 알아맞히는 것으로 살아가는 사람들도 있다. 스포츠 베팅으로 백만장자가 되는 사람도 있다. 하지만 한국에서는 그걸 직업으로 할 수도 없고, 직업으로 한다고 해도 백만장자가 되는 건 요원하다. 백만장자가 되기 전에 도박중독자라는 굴레가 씌워지고 경찰이 찾아오게 될 거다. 사행산업, 도박 분야에서 뭘 어떻게 해보려는 생각은 깨끗이 포기하게 된다.

돈을 빌려달라는 사람, 투자하라는 사람

돈이 있어도 돈 있다는 티를 내면 안 되지 않을까? 돈이 있다는 걸 알면 주변 사람들이 와서 돈 빌려달라고 졸라대지 않을까? 친한 친구들, 친인척들이 와서 돈을 빌려달라고 하면 곤란해지는 거 아닌가? 돈을 빌려달라는 건 그래도 좀 낫다. 빌리는 게 아니라 그냥 돈을 달라고, 처지가 어려우니 돈 좀 달라고 졸라대면 어떻게 하나. 돈이 있다는 티는 절대 내지 말아야 하는 거 아닐까?

사실 나도 처음에는 그런 걱정을 했다. 지금 한 게 아니라, 이전에 처음 10억 원 이상의 재산이 생겨서 이사를 하고 차를 바꾸고 하면서 그런 걱정을 했었다. 그런데 지나고 보면 큰 문제가 된 적은 없었다. 그래서 돈을 더 벌어 파이어족이 되었다 같은 이야기를 할 수 있었던 것이기도 하다.

돈을 빌려달라는 사람이 없었느냐 하면 그건 아니다. 있었다. 그런데 이전 경험으로 난 돈을 빌려주는 것에 대한 나름대로 기준이라 할 만한 게 있다. 상대방은 돈을 빌려 가면 안 갚는다. 돈을 꼭 갚겠다고 하고 빌려 가기는 하지만, 안 갚는다고 보아야 한다. 돈을 빌려달라고 하지만 앞으로 안 갚을 거라고 생각하면 결정해야 하는 건 한 가지다. 상대방한테 그냥 돈을 줄까 말까이다. 돈을 주어야 하는 사정인지, 그리고 그냥 줘도 될 만한 금액인지를 본다. 돈을 그냥 주어야 할 정도의 사정이 아니면 주지 않는다. 그냥 주기엔 너무 액수가 큰 경우에도 주지 않는다.

사람들은 채권자에게 부당하게 닦달당하는 채무자, 빚진 사람들을 동정한다. 돈을 갚지 않는다고 채무자를 따라다니고 계속 전화하고 협박하는 채권자를 나쁜 사람으로 본다. 그런데 난 다른 입장이다. 채권자가 그런 짓을 하는 건 채무자가 돈을 갚지 않기 때문이다. 꼭 갚겠다고 돈을 빌려 갔지만 채무자는 돈을 갚지 않는다. 채무자가 자발적으로 돈을 갚는 경우는 없다. 최소한 내 경우는 빌려준 돈을 받은 경우가 없다. 며칠 급전으로 빌려준 경우는 받은 적이 있지만 몇 개월, 몇 년 기한으로 빌려준 경우에는 받은 적이 없다. 사람들은 돈을 빌려 가면 안 갚는다.

정말로 돈이 없어서 갚지 못했다면 이해가 간다. 돈이 없어서 제대로 먹지도 못하고, 서울에서 살 수 없어서 집값이 안 드는 시골에 가서 사는 등 정말로 돈이 없어서 못 갚는 거라면 충분히 이해할 수 있다. 하지만 아니다. 가족과 같이 해외여행을 간다. 차도 새로 바꾼다. 조금 더 좋은 집으로 이사도 간다. 그러나 나에게 빌린 걸 갚을 돈은 없다.

사정은 있다. 가족과 약속한 거니 지켜야 한다, 내 돈이 아니라 가족 돈으로 사는 거다, 다른 급한 채무를 먼저 처리해야 한다 등등의 이유다. 본인은 돈이 없다고 하지만, 주위에서 보기에는 정말로 돈이 없는 생활이 아니다. 갚으려고 하면 갚을 수 있을 것 같은데, 갚지 않는다.

이런 걸 보면 사람들이 돈을 받기 위해 해결사를 쓰는 게 이해가 간다. 채무자가 정말로 돈이 없어 보이면 해결사를 쓰려고 하지도 않을 것이다. 돈이 진짜 없으면 아무리 해결사가 찾아가서 협박을 해도 돈이 안 나온다. 괜히 해결사 쓰는 돈만 나갈 뿐이다. 돈이 없다고 말을 하지만 사실은 돈이 있다. 돈이 없다고 하는 건 지금 여유 자금으로 저금해둔 돈, 바로 갚아도 되는 목돈이 없다는 말일 뿐이다. 나중에 목돈이 만들어지면 갚는다고 한다. 그럼 언제 그런 목돈이 만들어지는가? 차 사고 집 살 돈은 만들어져도 내 돈 갚을 목돈은 안 만들어진다. 그러니 채권자는 열불이 터져서 해결사를 찾게 된다.

물론 돈을 갚지 않으면 신체를 포기하겠다는 신체포기각서나 노예각서 등 불법 악덕 사채업자는 이야기가 다르다. 이들은 적당한 이자를 받는 게 목적이 아니라 상대방을 지배하고 착취하는 게 목적이다. 그런 걸 인정할 수는 없다. 하지만 순전히 상대방이 돈을 갚지 않아 고생 고생하다가 해결사에게까지 부탁하는 경우는 이해될 여지가 있다.

나도 돈을 빌려주고 한 번도 돌려받지 못하다 보니 해결사를 고용하는 사람 심정은 이해가 된다. 그러나 그렇다고 내가 해결사를 동원할 수는 없다. 돈을 빌려 간 사람은 모두 친한 사람들이다. 난 결정을 해야 한다. 이들에게 내 돈을 갚으라고 계속 독촉을 해서 결국 이 관계를 끝낼 것인가, 아니면 돈은 없는 셈으로 하고 인간관계를 계속 유지할 것인가. 난 그냥 돈이 없는 거로 했다. 그리고 앞으로 돈을 빌려줄 때는 빌려준다고 생각하지 말고 그냥 주는 거로 생각하기로 했다. 돈을 빌리는 사정과 금액크기를 보고, 그냥 줘도 되는 사정과 금액이면 그냥 주고, 그게 아니면 빌려주지 않는다. 빌려주지 않으면 서로의 인간관계가 끝나는 게 두렵지 않냐고? 빌려주지 않으면 돈은 나가지 않고 인간관계만 끊어진다. 빌려주면 돈도 나가고 인간관계도 끊어진다.

가끔 투자를 권유하는 사람들도 있다. 무작위로 전화를 걸어서 부동산 투자를 하라고 하는 텔레마케팅 투자 권유가 아니라, 내가 투자할 여유가 있다는 걸 알고 투자처를 이야기하는 경우이다. 그런데 이런 경우는 많지 않다.

보험업계에서 일하는 사람이 나에게 해준 말이 있다. 투자를 권유하거나 돈 관리 등을 이야기할 때, 가장 고객이 되기 힘든 사람이 나 같은 타입이란다. 투자 권유, 자금 관리를 하는 사람들의 주된 고객은 돈은 있는데 그 돈을 어떻게 운용할지, 투자할지 모르는 사람들이다. 사업을 해서 돈을 번 사람, 변호사나 의사 등 전문직에서 돈을 번 사람, 상속 등으로 큰돈을 받은 사람 등은 돈이 있다. 그런데 투자, 돈 관리 방법은 잘 모른다. 자기 전문 분야에 대해서는 잘 알지만 투자 관리에 대해서는 모르는 것이다. 투자나 자금관리 업계 사람들은 그런 사람들의 돈을 받아서 대신 투자해주고 자금 운용을 해주면서 수수료를 받아 돈을 번다.

그런데 자기 스스로 투자해서 돈을 번 사람들이 있다. 이 사람들은 투자, 자금관리는 자기 스스로 잘할 수 있다고 생각한다. 투자업계에서 제시하는 수익률은 은행 이자율보다 조금 더 높은 수준이다. 하지만 자기가 투자해서 돈을 번 사람들의 수익률은 훨씬 더 높다. 이런 사람들은 투자업체나 금융기관에서 제시하는 수익률은 쳐다보지도 않는다.

자기가 투자해서 큰돈을 번 사람들은 그냥 자기가 투자를 하지 다른 사람의 투자 조언을 받지 않는다. 그리고 돈을 맡겨서 운용해달라고 하지도 않는다. 이런 사람들은 돈은 있지만 절대 고객이 되지 않는다. 나도 투자로 돈을 번 사람이다. 나는 투자업계 사람의 고객이 될 수 없는 사람이란다. 공감이 갔다. 나도 많아야 연 5~7% 정도의 수익률을 이야기하는 투자 상품에는 전혀 관심이 없다. 연 몇십 % 이상 수익이면서 원금 보장도 자신하는 투자 상품이 있기는 하다. 그런데 그런 상품을 소개하는 사람들은 절대 자세한 투자 방법, 투자 대상을 이야기하지 않는다. 자기만 믿으라 한다. 그런 말을 믿기에는 내가 투자의 불확실성에 대해 좀 많이 안다.

그런 거 말고도 여기에 투자하는 게 어떠냐고 물어보는 경우가 있다. 주로 수익형 부동산들에 대한 제안이다. 전문적인 중개자뿐만 아니라, 자기가 투자하려는 데 같이 참여하라는 등의 권유다. 그런데 투자처에 대해 몇 가지 질문을 하면 상대방이 제대로 대답하지 못한다. 대답을 피하려 한다기보다는 본인노 잘 모르는 경우다. 분양가는 알아도 부근 월세 시세는 잘 모른다. 월세 시세에 따라 수익성 부동산 가격이 어떻게 달라져야 하는지도 잘 모른다. 나는 내가 투자에 대해 잘 안다고 생각하지 않았다. 그런데 이렇게 다른 사람들이 투자 판단 기준에 대해 이야기하는 걸 들으면 내가 그래도 투자에 대해 보다 많이 알고 있다는 걸 느낀다. 그렇게 따지고 들어가면 투자할 만한 상품은 거의 없다. 결국 모든 제안에 대한 내 대답은 '노'였다.

결국 투자 제안도 본인이 직접 투자로 돈을 번 사람한테는 별소용이 없는 것 같다. 본인이 투자해서 돈 번 사람은 이런 면에서도 고객이나 설득 대상이 될 수 없다. 돈을 번 다음에 돈과 관련된 사기를 잘 당하지 않는다는 것. 이게 본인이 직접 투자해서 돈을 번 사람의 한 가지 이점인 것 같다.

돈 문제는 계속된다!

난 돈이 많이 있으면 돈 걱정에서 벗어날 줄 알았다. 물론 1~2억 원 정도로는 안 되겠지만, 최소한 직장에서 돈을 벌지 않아도 살 수 있을 정도가 되면, 그러니까 파이어족이 될 정도가 되면 돈 걱정은 더 이상 하지 않을 줄 알았다. 파이어족도 차이가 있다. 매달 200~300만 원 정도의 월세 수입을 기반으로 파이어족이 되는 경우도 있다. 이때는 돈 걱정에서 벗어날 수 없다. 매달 지출이 수입을 벗어나지 않도록 체크해야 하고, 또 월세 수입이 끊기거나 줄어들지 않도록 관리해야 한다. 이렇게 월세에 기반한 파이어족은 돈 걱정을 계속 하지만, 몇십억 원의 돈이 있어서 그냥 있는 재산으로 생활비를 쓸 수 있을 정도가 되면 돈 걱정은 하지 않아도 되는 줄 알았다.

스스로를 돌아본다. 교수 생활을 할 때와 지금 파이어족이 되고 나서 어느 때가 돈 생각을 더 많이 하나? 하루에 돈에 대해 생각하는 시간, 그리고 돈에 대해 생각하는 에너지가 어느 때에 더 많나? 이것도 분명히 말할 수 있다. 지금이 돈에 대해 훨씬 더 많이 생각한다. 지금은 매일매일 돈에 대해 생각하고 고민한다. 이전 교수 생활할 때와 비교가 안 된다. 재산은 이전보다 훨씬 더 많아졌는데, 돈에 대한 생각, 고민도 더 많아졌다.

내가 돈에 대해 전혀 생각하지 않고 연구와 강의만 하는 교수였나. 그건 아니었다. 일단 나는 투자를 계속 했고, 또 파이어족이 되기를 원했다. 투자 방법도 고민했고, 얼마나 돈이 있어야 할지, 어떻게 돈을 벌지도 계속 생각했다. 하지만 그 생각하는 시간이 그리 많지는 않았다. 일단 강의할 때는 돈 생각을 할 수가 없다. 강의 준비하는 시간, 논문 쓰는 시간, 프로젝트 하는 시간, 업무 회의 하는 시간, 보고서 준비하고 쓰는 시간에는 돈 생각을 할 수 없다. 교수 생활을 할 때는 매일 이런 일을 했고, 돈 생각을 한다 해도 이런 것들을 다 하고 남는 시간에 했다. 그러니 돈 생각하는 시간이 그리 많을 수가 없다.

또 돈 생각을 한다 해도 그리 절실하게 하는 게 아니다. 매달 월급이 나오고, 프로젝트 등으로 부가 수입도 있다. 지금 당장 추가로 돈을 벌지 않는다고 크게 문제가 되는 것도 아니다. 돈 걱정을 한다고 하지만 먹고살 걱정을 하는 게 아니라 앞으로의

미래를 계획하고 준비하느라 돈 걱정을 한 것이다. 돈 생각을 하는 빈도와 강도가 그리 높은 게 아니었다.

그런데 지금은? 일단 고민하는 강도가 다르다. 지금 나의 전체 자산 규모는 정해져 있다. 내가 살아야 하는 부동산을 제외하고 남은 자산 규모, 그러니까 내가 앞으로 실제 사용할 수 있는 자산 규모는 정해져 있다. 그리고 추가 수입은 없다. 그러니 지금 지출이 앞으로 어떻게 영향을 미칠지가 그냥 보인다. 지금 지출이 어느 정도 수준이면 나이 몇 살이 되었을 때 문제가 되겠구나, 지금 여기에 돈을 쓰면 전체 자산에 이런 영향이 있겠구나 하는 것이 바로 보인다. 물론 일상생활을 위한 지출에서 이런 것들을 생각하지는 않는다. 그런데 하고 싶은 일은 계속 나오고, 그런 일들은 평소보다 많은 지출이 필요하다. 새로 하는 일은 모두 돈이다. 큰 지출을 할 때마다 인생 전체의 자산계획을 하는 셈이다. 이전처럼 그냥 앞날을 '계획'하는 수준이 아니라, 내 미래의 생활수준, 지출수준과 직결된다. 나이 70, 80, 90이 되었을 때 재산 상태가 그냥 보인다. 항상 돈과 자산 상태를 의식하고 있다.

더 문제는 돈을 생각하는 빈도다. 사람이 특별히 하는 일 없이 있다고 하자. 몸을 움직이지 않는다고 생각도 안 하는 게 아니다. 몸은 가만히 있어도 머릿속에서는 항상 잡생각이 지나간다. 집중해서 뭔가 하지 않으면 항상 잡생각이 머리를 지배한다. 지금 나는 집중해서 하는 일이 많지 않다. 책을 읽고 글을 쓰는 시간이 있지만, 이건 하루 몇 시간이지 온종일 할 수 있는 일이 아니다. 하루에 다른 잡생각을 전혀 하지 않고 집중하는 시간은 몇 시간 안 된다. 대부분은 가볍게 이런저런 일을 하면서 지내는 시간이다. 파이어족이 되고 가장 좋은 점은 이렇게 집중해서 할 일이 많지 않다는 점이긴 하다. 그런데 집중해서 할 일이 많지 않다는 건 그냥 잡생각이 많이 든다는 이야기이기도 하다. 그러다 보니 계속 돈 생각을 하게 된다. 하루에 다른 일에 집중하는 몇 시간을 제외하곤, 계속해서 돈 생각이 머리를 지나간다.

물론 돈 생각만 한다는 건 아니다. 다른 관심사에 대한 생각도 같이 지나간다. 하지만 지나가는 여러 생각 중에 돈 생각은 반드시 있다. 결국 하루 대부분의 시간을 돈 생각을 하며 지내고 있다.

지출에 대한 생각, 미래의 돈 걱정만 하는 건 아니다. 투자에 대한 것도 있다. 돈 걱정은 돈 지출에 대한 것이지만, 돈 생각은 투자에 대한 것이다. 앞으로 어떻게 해야 하지? 지금 돈을 늘리기 위해서는 어떻게 해야 하지? 뭐에 어떻게 투자를 해야 하지? 그러기 위해 할 수 있는 게 뭐지 등등 돈, 투자에 대한 것이 머리를 떠나지 않는다. 파이어족이 되면 돈 걱정, 돈 생각에서 벗어날 수 있을 줄 알았는데 그렇지 않았다. 오히려 돈에 대해 고민하고 생각하는 시간이 더 많아졌다. 과거에는 돈 말고 다른 것에 더 신경을 썼고, 돈에 별로 관심이 없다고 말할 수 있었다. 분명 교수로서의 업무, 학문적인 성과 등이 돈보다 더 중요했다. 돈은 부차적인 것에 불과했다. 그러나 지금은 아니다. 돈이 인생에서 가장 중요하다고는 말할 수 없지만, 그래도 굉장히 중요한 것 중 하나다. 돈이 나의 마음, 생활에서 차지하는 비중이 더 높아졌다.

한 가지 말해두고 싶은 것은, 돈에 대해 생각하는 비중과 시간, 그러니까 돈에 대해 생각하는 양이 많아지는 것에 그치지 않고 질적인 변화도 있다는 점이다. 보통 사람들이 돈을 걱정할 때는 지출에 대해 더 신경 쓴다. 앞으로 몇십 년 후, 몇 년 후를 생각하는 게 아니라 올해, 이번 달을 생각한다. 지금 레스토랑에서 비싼 음식을 사 먹으면 이번 달 카드 결제에 문제가 생긴다. 지금 여행을 가면 이번 달 월세 낼 돈이 부족하다. 택시를 타면 이번 달 생활비에 영향이 있다. 식당에서 메뉴를 고를 때 가격표를 봐야 하고, 마트에서 물건을 살 때도 가격을 보고 고민을 해야 한다. 난 그런 고민은 없다. 이번 달 수입에 맞춰 지출을 해야 하는 게 아니다. 지금 더 지출을 하면 다음 달에 허리를 졸라매야 하는 것도 아니다. 생활비에 대해서는 별생각 없다. 이번 달 지출, 다음 달 지출에 대해서도 아무 고민하지 않는다.

그러나 이번 달 지출에 대해 고민하지 않는다고 돈에 대한 고민을 하지 않는 건 아니다. 돈에 대한 고민은 계속된다. 5년 후, 10년 후, 20년 후의 지출 수준에 대해 고민한다. 그리고 투자에 대해 고민한다. 시간이 많다 보니 이런 고민도 더 자주, 깊게 할 수 있게 된다.

그러다 보니 알게 된다. '재벌들은 돈 걱정을 하지 않겠지'라고 생각했다. '재벌은 아니더라도 몇십억 원, 몇백억 원을 가진 사람들은 돈 걱정을 하지 않고 편하게 살겠지'라고 생각해왔다. 그런데 아니었다. 오히려 돈 걱정을 더 하면 더 했지 적게 하지는 않을 것이다. 단, 돈 걱정을 하기는 하는데 그 내용이 같지는 않은 것이다. 매달 생활비 걱정은 하지 않을 것이다. 지금 여행을 가는데 예산이 얼마여야 하나를 고민하지는 않을 것이다. 그러나 지금 돈이 들어오는 사업이 앞으로 5년 후, 10년 후는 어떻게 될까, 그때 매출과 이익이 어떻게 될까, 살아남을 수 있을까, 더 커질 수 있을까 등등의 생각은 더 많이 할 것이다. 보통 직장인은 하지 않는 고민이다. 직장인은 해야 하는 업무들이 있어서 그 시간 동안에는 돈 걱정에서 벗어날 수 있다. 하지만 돈이 많은 사람은 시간도 많아서 돈 걱정도 더 하고 돈 생각에서 벗어나지 못한다. 파이어족, 부자는 돈 걱정이 없는 사람이 아니었다. 오히려 돈에 더 매이는 존재들이었다.

7장

파이어족으로
하루하루 살아가기

나의 하루, 어느 아무 약속 없는 날

파이어족이 되고 나서는 하루(약속 없는 날 기준)를 어떻게 보내는지 정리해보자. 물론 처음부터 이렇게 지낸 건 아니라는 건 말해둔다. 처음에는 이런저런 것들을 많이 해보기도 했는데, 시간이 지나면서 이런 생활로 루틴화되었다. 지금은 이게 나에게 맞는 생활 패턴인 거로 생각한다.

아침 7시경에 눈을 뜬다. 자리에서 일어나서 먼저 핸드폰을 확인한다. 확인하는 건 두 가지다. 미국 주식이 어떻게 되었나. 그리고 코인 가격이 어떤 수준인가. 가지고 있는 모든 미국 주식 가격을 확인하지는 않는다. 그냥 나스닥 지수, S&P 지수만 확인한다. 사실은 이것도 보고 싶지 않다. 아무 신경 쓰지 않고 몇 달에 한 번 열어보고 싶다. 근데 그게 잘 안 된다. 나스닥 지수, 코인 가격은 확인하게 된다.

사실은 루틴으로 하는 일이 하나 더 있다. 포켓몬고 게임 상태를 확인한다. 어제 자기 전에 탑에 배치한 포켓몬이 어떤 상태인지 본다. 그리고 주변에 잡아야 할 몬스터가 있으면 잡는다.

옷을 입고 아파트 사우나로 씻으러 간다. 사우나에서 나오면 스타벅스에서 커피를 한 잔 사서 사무실로 간다. 집에서 사무실까지는 20분 정도 걸린다. 보통 8시 반 정도에 사무실에 도착한다. 사무실에 도착하면 짐 정리를 하고 토스트 두 장을 굽는다. 잼이나 버터를 발라 커피와 같이 먹는다. 아침이다. 만약 토스트가 떨어졌으면 사무실 아래 커피숍에서 베이글을 먹는다. 커피숍에서 베이글을 먹을 때는 메모장 등을 들고 가 이것저것 끄적이곤 한다.

아침을 먹으면 컴퓨터 앞에 앉는다. 예전에는 컴퓨터 앞에 앉으면 메일을 확인하고 처리하고 했는데 요즘은 오는 메일이 없다. 그냥 한글 프로그램을 연다. 그리고 글을 쓰기 시작한다.

글의 내용은 그때그때 다르다. 가끔 칼럼을 쓰기도 하고, 논문 심사 온 게 있으면 심사서를 쓰기도 한다. 대부분은 책에 들어갈 내용을 쓴다. 하루에 원고지 20장 분량, A4, 글자 크기 10, 줄 간격 160으로 2페이지를 쓴다. 이렇게 글쓰기는 매일매일 하는 일이다. 약속이 생겨도 특별한 일이 아니면 오전에 일정을 잡지는 않는다. 글쓰기를 다 끝내고 움직여도 되도록 약속을 잡는다. 이 일만은 앞으로도 계속 루틴으로 하고자 한다.

글쓰기는 빨리 끝나면 10시 반 정도에 끝난다. 늦으면 11시를 넘기기도 한다. 사무실 직원은 10시 반 정도에 온다. 직원에게는 루틴으로 시킨 일이 있다. 따로 특별히 일이 있으면 별도로 시키는데, 그럴 일은 그리 많지 않다. 직원은 루틴으로 하는 일을 하다 저녁 6시 좀 넘어 퇴근을 한다.

10시 50분에는 전화가 온다. 매일 하는 20분 전화 일본어이다. 독해 위주로 하고 있다. 11시 10분에 전화 일본어가 끝나고 정리를 하면 11시 30분 정도 된다. 그리고 그때가 되면 정신이 지친다. 쉬어주어야 한다.

12시 정도에 점심을 먹는다. 약속이 있으면 나가서 먹고, 없으면 사무실에서 먹는다. 직원에게 사무실 근처 샌드위치를 부탁한다. 보통은 자리에서 웹툰을 보면서 샌드위치를 먹는다. 먹고 나서 좀 지나면 졸음이 온다. 10분 정도 잔다.

이제 오후다. 오후에도 글을 쓸 수 있으면 좋을 것이다. 그런데 그건 안 된다. 체력이 문제다. 글 한 꼭지를 쓰면 그날은 끝이다. 더 이상 정신 에너지가 소모되는 일은 할 수 없다. 머리도 명해져 있다. 이제는 육체 쓰는 일을 해야 한다.

점심을 먹고 쉬고 나면 사무실을 나간다. 운동을 해야 한다. 어떤 운동을 하느냐는 매일매일 그때그때 다르다. 헬스장에 가기도 하고, 골프 연습장을 가기도 한다. 자전거를 타기도 하고 그냥 거리를 걷기도 한다. 헬스장은 일주일에 두 번 정도 간다. 골프 연습장도 일주일에 두세 번 정도다. 자전거는 날씨가 맞아야 한다. 너무 덥거나 추우면 안 되고, 비가 와도 안 된다. 그러다 보니 막상 자전거는 자주 타지 못한다.

하루에 헬스장도 가고 골프 연습장도 가고 자전거도 타고 하지는 못한다. 이것도 체력의 문제다. 한 시간, 한 시간 반 정도 몸을 움직이면 지친다. 쉬어야 한다. 그래서 보통 하루에 하나씩 돌아가며 운동을 한다.

몸을 움직였으니 이제 다시 정신을 쓸 차례나. 이때부터 책을 읽는다. 주로 읽을 책 한 권에 잡지 같은 추가 읽을거리를 챙긴다. 책을 읽다가 좀 지겨워지면 다른 읽을거리를 읽고, 그러다 다시 책을 읽는다. 이때 책을 읽는 장소도 그때그때 달라진다. 카페에 가서 읽기도 하는데, 가장 일반적인 장소는 전철 안이다. 전철을 타고 책을 읽는다. 전철의 목적지는 정해진 게 없다. 30분 넘게 전철을 타고 가면서 책을 읽다가 다시 돌아온다. 2호선 순환선을 타고 그냥 있으면 2시간이 걸린다. 신분당선을 타면 광교 등까지 갔다가 다시 돌아온다. 보통은 전철 안에만 있는데, 가끔은 전철역을 나가 주변을 돌아보고 돌아오기도 한다. 한 시간 책을 읽다 지치면 전철역을 나가 좀 걷다가 다시 전철을 타는 식이다.

그렇게 운동을 하고 책을 읽으면 5시, 6시가 된다. 다시 사무실로 돌아온다. 정리를 하고 집으로 간다. 저녁은 간단히 먹는다. 집에서 먹게 되면 간단히 차려준 걸 먹고, 혼자 먹게 되면 집 근처 푸드코트에서 때운다. 그리고 이때쯤 증권 앱에 접속한다. 매일매일 사는 미국 주식이 있다. 적립식으로 하는 투자다. 그날 시세가 얼마인지 상관하지 않고 그냥 두 종목을 일정 금액씩 산다. 미국 주식시장이 휴장만 아니면 매일 하는 일이다.

저녁을 먹고 나면 책을 읽는다. 이때는 나가지 않고 그냥 집에서 읽는다. 한두 시간 읽으면 머리가 지친다. 그러면 걸으러 나간다. 꼭 머리가 지치지 않았더라도 난 하루 1만보는 어쨌든 걸으려 한다. 낮 동안 움직인 거로는 보통 1만보가 되지 않는다. 저녁에 한 번 걸어줘야 1만보가 된다. 걷고 들어온 다음에는 다시 책을 읽는다. 이때는 시간이 10시가 넘는다. 만약 이때쯤에 보는 드라마가 있으면 드라마를 30분 정도 본다. 보통은 30분 정도 보고, 빠져드는 내용이면 하루에 한 편을 본다. 그리고 다시 책을 본다. 이러면 12시 정도 되는데, 이때쯤 잠자리에 든다.

매일매일 하는데 빼먹은 게 몇 개 있다. 중간중간 포켓몬고는 계속 한다. 그리고 이동하면서는 EBS 외국어 강좌를 듣는다. 또 중간중간 멈춰 서 있을 때 웹소설도 읽는다. 이건 중간중간 시간이 빌 때 하는 일들이다.

약속이 없는 날은 보통 이렇게 보낸다. 글 한 꼭지를 쓰고, 책은 보통 한 권 반 정도 읽는다. 이럴 때 내 생활 메모장에는 두세 개만 적힌다. 글 한 편 썼다는 기록, 오늘 끝낸 책 제목, 그리고 오늘 본 드라마 제목과 편수다.

특별히 다른 일이 없으면 이런 생활이다. 그런데 하루가 이런 식으로 지나가는 날은 많지 않다. 일주일에 이틀 정도다. 보통은 다른 일이 일어난다. 친구와 약속이 생기기도 하고 업무상으로 약속이나 일이 생기기도 한다. 가족, 친지와의 일도 계속 발생한다. 그러나 그런 약속이 있어도, 그 시간 외에는 위의 루틴대로 움직인다.

내 생활을 보며 누가 부러워할 거라고 생각하지는 않는다. 누군가 전화를 해서 지금 뭐 하냐고 물어보는 경우가 있다. 보통 이런 전화는 오후에 받게 되는데, 그때 난 보통 골프 연습상에 있거나, 자전거를 타거나, 전철을 타고 그냥 돌아다니는 중이다. 그런 상태라고 말하면 상대는 부럽다고 한다. 평일 한낮에 자전거를 타고 있으니 부러워 보일 수도 있겠다. 그런데 막상 하루 전체를 보면, '글 쓰다 쉬다, 책 보다 쉬다, 운동하다 쉬다'의 연속이다. 운동은 몰라도 글 쓰기와 책 읽기는 많은 사람에게는 누가 돈 주고 하라고 해도 하고 싶지 않은 일이다. 몇몇 친구는 나의 생활이 '보링boring'하다고, 지루하다고 말한다.

어쨌든 난 그렇게 살고 있다. 어떤 앱을 자기 폰에 까느냐는 각자 다 다르다. 모두가 다 자기에게 맞는 앱을 다운받아 사용한다. 파이어족도 마찬가지다. 어떤 게 좋고 나쁜지는 모른다. 그냥 자기에게 맞는 생활을 하는 것이다. 자기에게 맞는 생활을 찾아 그것으로 자기 생활을 구성하는 것. 파이어족의 의미는 그런 것이다.

크로노스의 시간, 카이로스의 시간

직장을 다니면 바쁘다. 하루 시간이 꽉 짜여 있다. 아침 9시까지 출근하는 직장이라면 늦어도 7시 정도에는 일어나야 한다. 업무를 마치고 퇴근을 하고 집에 오면 7시는 넘는다. 하루 12시간은 직장 업무와 관련해서 움직인다. 그래서 직장일을 하면 하루 시간이 꽉 찬다. 따로 자기 시간을 가진다고 해도 잠자는 시간을 빼면 몇 시간 안 된다. 하루를 마칠 때 돌이켜보면 하루 24시간을 꽉 채워 사용한 것 같다.

파이어족이 되면 하루를 보내는 시간이 느슨하다. 아침에 일어나는 시간도 좀 늦춰지고 출근 시간도 늦춰진다. 자기 사무실을 가지고 있는 경우에는 어쨌든 늦더라도 출근을 하지만 사무실이 없으면 그냥 일이 있을 때 집을 나선다. 그리고 사무실을 가더라도 특별히 해야 할 일은 없다. 자기가 하고 싶은 일, 준비하는 일만 하면 된다. 그리고 파이어족이 자기가 하고 싶은 일을 한다 해도 업무 강도가 낮다. 직장에서 일할 때에 비해서는 느긋하게 하고 시간도 오래 걸린다. 무엇보다 긴장감이 적다. 직장에서 1시간이면 할 수 있는 일이 몇 시간 걸리기도 한다.

그래서 파이어족이 되면 아무것도 안 하고 시간을 낭비하는 것 같다. 직장을 다닐 때는 무언가 바쁘게 제대로 사는 것 같고, 파이어족이 되면 하는 것 없이 대강대강 편하게 사는 것 같다. 그렇다면 직장에서 일을 하는 사람이 더 열심히 사는 것 아닐까 하는 생각이 든다. 파이어족은 그냥 편하게 사는 것이고, 더 보람 있게 사는 건 직장을 가지고 일하는 사람이 아닐까? 파이어족은 그냥 일하지 않고 놀고 지내는 사람이 아닐까?

글쎄다. 파이어족이 되고 나서 처음에는 나도 그런 의견에 동의할 수 있었다. 파이어족이 되고 나서 처음에는 남아도는 시간에 당황해했다. 하루 24시간을 어떻게 보내야 할지 곤란해한 적도 있다. 할 일, 해야 할 일이 없는 건 사람에게 그리 좋은 게 아니었다. 무언가 해야 할 일이 있는 게 좋은 거였다.

지금은 좀 다르다. 파이어족이 되고 나서 처음에는 뭘 할지 몰라 한 게 맞지만, 차근차근 하고 싶은 일이 생기고 시도하는 일이 생겼다. 이런저런 일들을 하게 되었다. 그렇다고 해도 직장 일을 할 때만큼 열심히, 쫓기면서 한 건 아니다. 천천히 대강대강

하고 싶은 일을 한다. 주위에서 보면 느긋하게 사는 게 맞다.

그런데 그렇다고 시간 보내는 게 비생산적이냐고 물어보면 그렇지는 않다. 열심히 하는 것 같지 않고 실제 하루 하는 일이 그리 많지는 않지만 직장을 다닐 때보다 제대로 살지 않는 건 아니라고 본다.

시간 사용법을 평가하는 방법으로는 두 가지가 있다. 하나는 크로노스chronos 식으로 평가하는 것이고 다른 하나는 카이로스kairos 식으로 평가하는 것이다. 둘 다 그리스어로 시간을 의미한다. 그런데 크로노스의 시간과 카이로스의 시간은 좀 다르다.

크로노스는 시간을 양적으로 측정한다. 아침 7시에 일어나 8시에 출근을 하고 9시에 회사에 도착해서 저녁 6시까지 일을 한다. 퇴근을 하면 저녁 7시이고 식사를 하고 정리를 하면 저녁 8시가 된다. 이러면 하루 13시간 동안 계속 움직이고 무언가를 했다. 하루 13시간, 이 개념이 크로노스다. 오전에 병원에 가서 진료를 하고, 주민센터에 가서 인감증명 서류를 떼고, 은행에 가서 서류를 제출하면서 대출 업무를 정리하고 퇴근을 했다 하자. 하루 종일 여러 군데 다니면서 여러 가지 일을 했다. 크로노스 개념으로 오랜 시간 많은 일을 한 것이다.

카이로스의 시간은 좀 다르다. 카이로스는 시간을 질적으로 측정한다. 내가 뭘 하고자 하는가, 나의 목적이 무엇인가가 중요하다. 나의 요즘 생활에서 하고자 하는 게 영어 실력을 높이는 거라 하자. 그럼 병원에 가고 은행에 가고 주민센터를 간 건 아무 의미가 없는 시간이다. 도중에 영어 학원 1시간을 가고, 집에서 영어책을 30분 보았다고 하면 이날은 1시간 30분이 무언가를 한 시간이다. 이렇게 계산하는 게 카이로스다.

목적이 꼭 하나일 필요는 없다. 영어를 배우고 골프를 치고 책을 읽고 등등 여러 가지를 목적으로 할 수도 있다. 이때는 영어를 배운 시간, 골프 연습을 한 시간, 책을 읽은 시간이 그날 무언가를 한 시간으로 평가된다. 자기가 하고자 하는 것, 목적으로 하는 것을 실행한 시간민 무언가를 했다고 본다.

직장을 다니면 하루 중 많은 시간을 관련 업무에 할애한다. 그런데 그 대부분의 시간은 사실 자기가 하고 싶은 것, 자기가 목적으로 한 것에 쓰이는 게 아니다. 시키는 일을 하는 것이고 주어진 일을 하는 것이다. 이렇게 하루 12시간을 보냈다고 하자. 1시간도 허투루 보내지 않고 무언가를 했다. 크로노스 시간으로 평가하면 이 사람은 하루를 굉장히 열심히 산 것이다. 하지만 카이로스 시간으로 보면 이 사람은 하루 종일 한 게 하나도 없다.

물론 이건 그 사람의 목적이 무엇이냐에 따라 다르다. 직장일을 열심히 배워서 나중에 자기 사업을 하자고 하거나, 직장에서 이사로 승진하는 게 목적이라고 하면 직장에서 일한 시간도 카이로스 시간으로 평가될 수 있다. 하지만 그런 의욕 없이 그냥 회사를 다니면서 주어진 일만 한다면 회사에서 일하는 시간은 크로노스 시간이 된다.

파이어족의 생활은 어떨까? 외부에서 보기에는 굉장히 한가

해 보인다. 특별히 하는 일 없이 노닥거리는 거로도 보인다. 크로노스 시간으로 볼 때 파이어족의 생활은 분명 하는 것 없이 시간을 낭비하는 삶이 될 수 있다. 그러나 카이로스 시간으로 따진다면 어떨까?

지금 나의 생활을 보자. 오전에 1시간 반 정도 글쓰기를 한다. 오후, 저녁에 책 읽기, 외국어 공부 등을 하고 운동을 한다. 모두가 내가 원하는 것들이고 뭔가 목적을 가지고 하는 일들이다. 열심히 하지는 않지만, 어쨌든 조금 힘들면 쉬고, 피곤을 느끼면 낮잠을 자고, 그냥 멍하니 있기도 하면서 그런 것들을 한다. 크로노스로 따지면 하루에 뭔가를 하는 시간은 그리 많지 않다. 직장인에 비해 훨씬 뭔가를 하는 시간이 적다. 하지만 카이로스로 보면 못해도 하루 6시간 이상은 내가 목적으로 하는 것에 시간을 투여한다. 직장을 다닐 때는 아무리 열심히 살아도 카이로스 시간이 하루 3시간을 넘기 힘들었다. 하루 15시간 무언가를 했다고 하면 크로노스 시간이 12시간, 카이로스 시간이 3시간 정도라고 할까. 지금은 크로노스 시간은 거의 없고 카이로스 시간이 6시간인 거다.

이전에는 하루 15시간 동안 무얼 했고 지금은 하루 6시간만 무얼 한다. 하는 게 별로 없다. 그러나 카이로스 시간으로 따지면 이전에는 많아야 하루 3시간이었고 지금은 하루 6시간이다. 진짜 중요한 시간은 카이로스다. 나는 이전에 비해 시간을 낭비하는 게 아니다. 카이로스가 늘어났다. 파이어족이 되고 나서 시간을 보내는 방법이 더 좋아진 거다.

그런 측면에서 난 파이어족이 되면서 삶이 나아졌다고 본다. 물론 이건 다른 사람들에게도 무조건 똑같이 적용할 수 있는 건 아니다. 직업에서 성공하는 걸 목적으로 열심히 사는 사람들은 직장에서 일하는 시간이 모두 카이로스가 될 수 있다. 그런 사람들에 비하면 난 아무 생각 없이 느슨하게 사는 게 맞다. 나의 카이로스 시간은 그런 사람들에 미치지 못한다. 하지만 직장일에 큰 뜻이 없는 사람들이라면 이야기가 다르다. 그런 사람들은 파이어족이 되면 카이로스 시간이 늘어난다. 더 인생을 충실히 살 수 있다.

난 파이어족이 되고 나서 카이로스 시간이 늘어났다. 또 점점 더 그 시간이 늘고 있다. 그런 점에서는 난 파이어족이 되는 게 삶을 더 충실히 살 수 있는 방법이라고 본다.

파이어족이 되는 걸
다른 사람에게 추천하겠나?

파이어족이 되면 좋다고 다른 사람에게 추천할 수 있을까? '교수가 돼보는 게 어때', '의사를 목표로 해보지', '변호사 자격증이 있으면 굉장히 좋아'라는 식으로 파이어족에 대해 아이들이나 젊은 사람들에게 추천할 수 있을까?

가끔 파이어족이 좋다고 추천하는 사람도 본다. 언제든지 해외 한 달 살기를 하러 갈 수 있다, 직장에 가지 않아도 되는 자유가 있다, 먹고살기 위해 싫어하는 일을 하지 않아도 된다 등등 파이어족이 좋다고 하고 추천하는 사람들도 분명히 있다. 그런데 난 추천할 수 없다. 주변 지인들이나 아이들에게 '나중에 파이어족이 되라'고 할 수 없다.

음악, 미술 같은 예술 분야는 누가 음악을 하라고, 그림을 그리라고 추천이나 조언을 한다고 해서 할 수 있는 게 아니다. 그런 식으로 그 세계에 들어가는 사람도 없다. 이건 추천해서 되는 분야가 아니다. 적성이 있어야 하고 본인의 의지로 들어가는 분야다. 적성이 없는 사람에게 그 길을 가라고 추천할 수는 없다. 그리고 적성이나 본인의 의지가 없는데 다른 사람이 추천한다고 해서 그 분야로 뛰어드는 사람도 없다. 의사, 변호사처럼 적성이 있거나 없거나 주변에서 하라고 추천하고, 본인도 적성이 있거나 없거나 상관없이 뛰어들어도 되는 분야와 다르다.

파이어족은 의사, 변호사 등과 같이 적성, 의지가 없어도 뛰어들 수 있는 분야는 아니라고 본다. 적성, 의지가 파이어족에 맞는 사람만 추구할 수 있는 길이다. 이런 분야는 누가 추천한다고 해서 뛰어들지 않는다.

일을 하지 않아도 먹고살 수 있다면 누구나 다 파이어족이 되려고 하지 않겠느냐고? 그렇지 않다. 일하지 않아도 충분히 살아갈 수 있는 많은 부자가 계속해서 직장을 다니고 일을 하고 있다. 평생 먹고살 수 있는 충분한 돈이 있는 사람 중에서 파이어족이 된 사람이 많을까, 아니면 돈이 있어도 계속 일하고 있는 사람이 많을까? 정년 이상으로 나이가 많은 사람을 기준으로 하면 일하지 않는 사람이 많을 것이다. 하지만 중장년층을 기준으로 하면 돈이 있어도 계속 일하고 있는 사람이 훨씬 더 많다. 충분한 돈이 있는 사람 중에서 파이어족은 소수파에 들어간다. 절대적으로 많은 사람이 돈은 있지만 계속 일을 한다. 파이어족은 돈이 있다고 해서 당연히 선택하는 길이 아니다. 적성이 맞는 사람들만 찾아가는 길이다. 다른 사람에게 추천할 수 있는 길은 아니라는 뜻이다.

대신 다른 건 추천할 수 있다. 돈을 버는 건 추천할 수 있다. 작은 돈이 아니라 큰돈, 일하지 않아도 먹고살 수 있는 정도의 돈은 벌어보라고는 추천할 수 있다. 이건 분명히 본인의 인생을 변하게 할 것이고, 가치관에도 큰 영향을 미칠 것이다. 돈이 많이 있으면 돈이 부족할 때에 비해 분명히 뭔가 달라진다.

파이어족은 적성에 맞는 사람에게만 괜찮다고 본다. 하지만 돈이 많은 건 본인의 적성과 상관없다. 본인의 적성이 어떻든 그 사람에게 큰 영향을 미칠 것이다. 본인의 적성이 어떻든 사람들이 의사, 변호사 등을 추천하듯이, 나도 돈을 많이 벌어보는 것에 대해서는 본인의 적성이 어떻든 추천할 수 있다. 돈이 필요 없다고 하는 사람, 돈이 싫다고 하는 사람, 돈이 좋다고 하는 사람, 돈이 부족하다고 하는 사람 모두 다 돈이 많아져 보면 분명 달라지는 게 있다. 과거와는 다른 생활과 사고방식, 가치관을 가질 수 있게 된다. 분명 이전에 비해 '레벨업level up'이 될 것이다.

지금 내가 파이어족이 되었다고 어쩌고저쩌고하고 있지만, 정말로 나에게 영향이 크고 중요한 건 파이어족이 된 게 아니다. 일하지 않아도 되는 큰돈을 번 것이다. 정말로 돈에 대해 자유롭게 된 것은 아니지만, 최소한 평소 생활비와 관련해서는 전혀 의식하지 않고 지출할 수 있는 돈을 번 게 나를 변하게 했다.

파이어족이 된다고 해서 당연히 생활이 변하는 건 아니다. 파이어족에도 여러 가지가 있다. 파이어족은 단지 일을 하지 않아도 살 수 있다는 걸 의미한다. 한 달에 100만 원만으로 살아가는 파이어족도 있다. 한 달에 300만 원으로 살아가는 파이어족도 있다. 파이어족이기는 한데 평소 생활할 때 돈에 대해 의식하지 않을 수 없다. 가난하게 살아가는 파이어족, 돈에 쪼들리는 파이어족도 얼마든지 많다. 이런 경우 파이어족이 되기는 했지만 삶의 수준이 정말로 레벨업 되었다고 보기 힘들다. 다른 사람들에게 추천할 수도 없다. 내 아이가 돈 없는 파이어족으로 살겠다고하면 난 분명 말릴 것이다. 돈 없는 파이어족보다는 돈 있는 직장인이 훨씬 낫다고 본다. 내가 본인의 선택으로 마음대로 하라고 할 수 있는 건 돈 많은 파이어족과 돈 있는 직장인 사이에서다. 이때는 본인의 적성에 따라 어느 게 좋을지 갈라질 수 있다.

돈 많은 파이어족과 돈 많은 직장인 중에서는 돈 많은 직장인이 낫다고 본다. 돈 많은 직장인은 정말로 그 일이 좋아서 하고있는 것이다. 돈도 있고, 돈과 상관없이 자기가 하고 싶은 일을하고 있으니 그게 가장 좋다. 그리고 '돈 있는 직장인이냐, 돈 없는 파이어족이냐'라고 한다면, 돈 있는 직장인이 낫다. 중요한 건직장인이냐 파이어족이냐가 아니다. 돈이 있느냐 없느냐. 그냥돈이 있느냐가 아니라, 자기 삶을 자기가 선택할 수 있을 만큼돈이 많으냐다. 쉽게 말해 일하지 않아도 먹고살 수 있는 부자냐 아니냐다.

　웃기지 않나. 나는 그동안 계속 공부를 해서 박사 학위를 2개 받은 사람이다. 교수로 있던 사람이다. 나름대로 학문을 한 사람 아닌가. 그럼 돈이 중요한가, 학문이 중요한가 하고 물어보면 학문이 중요하다고 말해야 한다. 돈보다 중요한 무언가가 있다고 말해야 한다. 그런데 난 돈보다 박사 학위가 더 중요하다고, 돈보다 훌륭한 논문 쓰는 게 더 좋은 거라고 말할 수 없다. 난 직접 경험했다. 박사 학위를 받은 다음에 나에게 어떤 변화가 생겼는지. 정신적으로 어떤 변화가 생기고, 생활적으로 어떻게 변하고 다른 사람들로부터의 평가가 어떻게 달라졌는지 분명히 기억하고 있다.

　교수가 된 다음에 나에게 어떤 변화가 발생했는지도 기억한다. 그리고 몇십억 원이라는 돈이 생긴 다음에 내가 어떻게 변했는지도 기억한다. 어떤 변화가 가장 컸나? 웃기게도 몇십억 원의 돈이 생긴 다음의 변화가 제일 컸다. 생활 측면에서도 가장 많이 변했고, 정신적인 면에서도 가장 많이 변했다. 학자로서 세상을 보는 눈을 가지는 게 더 중요한 것 아니냐고? 사실 박사 학위를 받았을 때보다 큰돈을 가진 이후에 만들어진 새로운 시각이 더 컸다.

　다른 사람에게 무언가를 추천한다면 그걸 하면 긍정적 변화가 크게 생기는 것을 추천해야 한다. 내가 지금까지 살아오면서 경험한 것 중에서 가장 큰 긍정적 변화는 큰돈이 생긴 이후에 일어났다. 박사 학위를 받았을 때보다, 교수가 됐을 때보다 더 큰 변화였다. 파이어족이 된 것보다도 큰돈이 생긴 다음의 변화가 더 컸다.

돈이 무엇보다 가장 중요하다고 말하는 건 아니다. 난 돈을 벌기 전이나 지금이나 계속해서 추구하는 게 있다. 돈보다 훨씬 더 중요하고 사랑한다고 당당하게 말할 수 있는 것도 많이 있다. 나에게 돈은 그런 것들보다 후순위다. 돈이 제일 중요하다고 말하는 게 아니다. 내가 말하는 건 큰돈은 나에게 큰 변화를 경험하게 해준다는 점이다. 변화라는 측면에서 볼 때 큰돈만큼 많은 영향을 미치는 건 없었다.

그래서 난 파이어족을 추천하지는 않는다. 가난한 파이어족은 추천할 수 없고, 돈 있는 파이어족은 본인의 선택이다. 대신 큰돈을 버는 건 추천할 수 있다. 이건 분명 자신을 달라지게 하고 레벨업 시켜준다. 물질적인 면만이 아니라 정신적인 면에서도, 가치관과 세상을 보는 시각에서도 뭔가를 바꾼다. 경험해보면 좋다.

파이어족이 되면 곤란한 사람,
파이어족이 되어도 괜찮은 사람

사람들이 모두 좋다고 하는 직업이라 하더라도 모두에게 좋을 수는 없다. 본인이 그 직업과 적성이 맞아야 한다. 적성이 맞으면 좋은 직업이고 맞지 않으면 좋지 않은 직업이다. 판사는 좋은 직업일까? 한국에서는 누구나 판사가 좋은 직업이라고 생각한다. 하지만 판사는 읽는 일을 좋아해야 한다. 그리고 다른 사람의 인생에 영향을 미치는 판단을 싫어하지 않는 사람이어야한다. 판사는 온종일 소송 자료 읽는 것이 일이다. 정말 엄청난 자료를 읽어야 한다. 하루 종일 앉아서 서류 읽는 걸 좋아하지 않는 사람에게는 판사 생활처럼 고역인 게 없다. 그리고 무언가 결정하는 걸 부담스러워하는 사람도 마찬가지다. 다른 사람에게 영향을 미치는 걸 좋아하지 않는 사람이 누군가를 교도소에 보내는 판결을 내려야 한다는 건 그에게 굉장한 심적 부담을 준다.

변호사, 세무사도 좋은 직업이라 하는데 나는 할 수 없는 직업이다. 이 직업은 굉장히 꼼꼼해야 한다. 마감을 칼같이 지키고, 어느 하나의 서류도 놓쳐서는 안 된다. 나는 꼼꼼하지 못해 한 번에 마무리 짓지 못하고 나중에 계속해서 수정, 보완해가는 타입이다. 마감도 수시로 늦는다. 고지서도 제시간에 내지 못해 가산료를 내는 경우가 많다. 일상생활에서는 일 처리가 조금 늦어지고 돈을 좀 더 내는 것으로 넘어갈 수 있다. 하지만 변호사, 세무사가 그러면 큰일 난다. 내가 변호사, 세무사를 하면 법정 제출 기일을 맞추지 못하고 서류 미비로 소송에서 패해서 의뢰인에게 계속 소송당했을 것이다.

교수도 그 사람이 어떤 사람이냐에 따라 좋은 직업인지 여부가 갈린다. 교수는 굉장히 자유롭고 편하고 좋은 직업이라고들 하지만, 나는 교수직을 스스로 그만두었다. 본인에게 맞는 옷이 아니면 아무리 좋은 옷이라 해도 불편하기만 할 뿐이다.

파이어족도 마찬가지다. 누구에게나 좋은 것은 아니다. 파이어족을 해도 좋은 사람이 있고 그렇지 않은 사람이 있다. 막상 파이어족이 되었다는 사람들을 찾아보라. 파이어족이 되고 나서 계속 파이어족으로 지내는 사람도 있지만, 다시 직장을 찾는 사람도 있다. 자금관리가 예상과 달라 돈이 필요해져서 직장을 다시 찾는 사람도 있지만, 파이어족 생활을 견디기 어려워 직장에 다시 들어가려고 하는 사람도 있다.

그럼 파이어족에 맞지 않는 사람은 어떤 사람일까? 일단 하고 싶은 일이나 새로운 일을 하고자 하는 의욕이 없는 사람이다. 하고 싶은 건 없으면서 그냥 지금 직장 다니는 게 싫어서 파이어족이 되고자 하는 경우다. 이런 경우 파이어족이 되면 아무것도 하지 않고 방에서 지내는 외톨이가 된다. 하고 싶지 않은 일을 하지 않는 건 좋은데, 정말로 하는 게 아무것도 없으면 사람은 망가진다. 차라리 '하루 종일 놀겠다, 술 마시겠다'라도 하려고 하는 게 있는 게 낫다.

파이어족이 되고 하고 싶은 게 있었는데 막상 해보니 맞지 않는 경우는 괜찮다. 이런 경우에는 새로 하고 싶은 것을 계속 찾고, 찾으면 그 일을 한다. 문제는 아예 하고 싶은 게 없는 경우다. 이런 경우 파이어족이 돼서 그냥 혼자 외톨이로, '방콕'으로 지내는 것보다는 싫은 일을 하더라도 매일 직장에 나가는 게 낫다. 혼자 외톨이로, 방콕으로 사는 삶은 정말 그 사람의 정신 상태를 망가트린다.

둘째, 사회적 지위나 다른 사람의 평가를 중요시하는 사람은 파이어족이 안 되는 게 좋다. 파이어족이 되면 주위에서 놀라워할 것이다. 많은 사람이 부러워하기도 한다. 주위 사람들에게 좋은 말을 듣고 괜찮은 평가를 받을 수 있다. 하지만 이건 처음뿐이다. 파이어족으로 지내다 보면 곧 알게 된다. 파이어족은 그냥 백수다. 일하지 않고 살아갈 수 있다는 것일 뿐, 그 실상은 그냥 백수, 한량이다. 일을 하고 싶은데 일자리를 찾지 못하는 실업자, 집에서 주는 용돈으로 그냥저냥 살아가는 한량과 겉으로 아무 차이 없다.

다른 사람들은 자기를 소개할 때 회사 이름이나 직책을 이야기한다. 과장님, 부장님으로 불리고, 나중에는 전무님, 사장님으로 대접받을 수 있다. 그런데 "파이어족은 무슨 일을 하나요?"라고 물어보면 할 말이 없다. "그냥 놀아요"라는 대답밖에 못 한다. "그냥 놀아요"라고 할 때 우리 사회의 많은 사람은 이 사람이 뭔가 부족한 사람이라고 평가한다. 그냥 무심하게 생각하는 사람도 있지만, 그런 식으로 무시하는 사람도 분명 다수 존재한다. 무시받지는 않더라도 어쨌든 다른 사람에게 존경의 시선은 받지 못한다. 앞으로도 다른 사람들에게 존경받을 만한 위치에 설 일은 절대로 없다.

이런 다른 사람들의 시선이 아무 상관 없는 사람이 있다. 그런 사람은 파이어족이 되어도 된다. 하지만 다른 사람들의 시선이 신경 쓰이는 사람이 있다. 다른 사람들이 자기를 한량, 백수, 무능력자로 보는 걸 좋아하지 않는 사람은 파이어족이 안 되는 게 좋다.

셋째, 자기관리를 잘 못 하는 사람이 파이어족이 되면 곤란하다. 여기서 자기관리는 보통 말하는 자기관리보다 좀 범위가 넓다. 규칙을 스스로 만들어내고 지키는 자기관리다. 우리는 살아오면서 자기 스스로 규칙을 만들지는 않는다. 보통 주어진 규칙내에서 살아간다. 학교를 다닐 때는 학교의 규칙이 있고, 직장을 다닐 때는 직장의 규칙이 있다. 보통 사람들은 평생 그렇게 주어진 규칙을 지키고 준수하며 살아간다. 그런데 파이어족이 되면 그런 규칙들이 전부 사라진다. 자기가 스스로 무얼 어떻게 한다는 규칙을 만들어야 한다. 공식적인 규칙은 아니더라도 스스로 무얼 하고 무얼 하지 않는다는 것, 그리고 한다면 어느 정도 수준에서 한다는 암묵적인 스스로와의 약속은 있어야 한다. 그런 의미에서의 자기관리다.

이런 자기관리가 없으면 삶이 망가질 수 있다. 우리는 알게 모르게 사회적인 행동 제약 속에서 살아가고 있다. 파이어족이 되면 그런 제약이 별 의미가 없어진다. 경찰이 출동하는 국가 형벌 대상이 아닌 한 마음대로 행동해도 아무 문제가 발생하지 않는다. 물론 이건 굉장히 자유롭고 좋은 상태다. 그런데 자기관리가 안 된 상태에서의 자유는 스스로를 해치는 독이 된다. 자신이 바라지 않았는데도 외톨이가 되고 방콕으로 지내는 생활을 하게 된다.

그럼 파이어족이 되어도 괜찮은 사람은 어떤 사람들일까? 파이어족이 된 다음에 파이어족이 되기를 잘했다고 생각하고 후회하지 않는 사람들, '그냥 직장 계속 다닐걸'이라고 생각하지 않고, 다시 일할 직장을 찾지 않는 사람은 어떤 사람일까?

앞에서 말한 파이어족이 되면 곤란한 사람들과 반대되는 사람들이다. 뭔가 하고 싶은 게 많아야 한다. 직장일과 관계없이 자기가 하고 싶은 일이 있는 사람, 특히 돈과 관계없이 자기가 하고 싶은 게 있는 사람이다. 또 주위의 시선이나 평가와 무관하게 지낼 수 있는 사람이다. 사회적 평가, 사회적 지위, 다른 사람의 시선에 대해 아무 생각이 없는 사람이 파이어족으로 잘 지낼 수 있다. 다른 사람이 백수, 한량이라고 무시해도 신경 쓰지 않아야 한다. 그리고 자기관리가 잘되어야 한다. 충동적으로 결정하고 움직이는 사람은 곤란하다. 파이어족이 충동적으로 움직이면 금전적으로 파산하거나 경찰이 찾아올 일을 하기 쉽다. 파이어족을 계속 유지할 수 없게 된다.

사실 난 파이어족에 맞는 사람은 소수라고 생각한다. 많은 사람은 오히려 직장을 다닐 때 더 나은 생활을 할 수 있다고 본다. 다른 사람들에게 파이어족을 추천할 수 없는 또 하나의 이유다.

어떻게 하면 파이어족이 될 수 있을까?

어쩌다 가끔 누군가 나에게 "어떻게 하면 파이어족이 될 수 있을까?"라고 물어보는 경우가 있다. 나로서는 "어떤 주식을 사는 게 좋은가?"라는 질문과 더불어 가장 곤혹스런 질문이다. 곤혹스런 이유는 간단하다. 내가 그런 걸 알 리가 없잖나. 어떤 주식을 사면 좋은지 제대로 알고 있으면 내가 지금 이렇게 일개 파이어족으로 있겠나. 못해도 재벌급의 재산을 보유하면서 세계적인 투자가로 활동할 수 있다. 파이어족이 될 수 있느냐는 질문도 간접적으로 돌려서 말하는 것이지 실제로는 어떻게 해야 큰돈을 벌 수 있느냐다. 내가 파이어족이 될 만큼의 큰돈을 만진 건 사실이지만 그게 내가 큰돈을 버는 방법을 확실히 알고 있다는 뜻은 아니다.

난 어떤 주식이 오를지, 어떻게 하면 큰돈을 벌 수 있는지 모른다. 그런데 이렇게 솔직히 말하면 상대방은 그걸 믿지 않는다. 내가 알고 있으면서 말하지 않는다고 생각한다. 뭔가 특별한 비밀 같은 것을 가지고 있는데 자기한테는 말해주지 않는다고 생각한다. 아니다. 정말 모른다. 근데 상대방은 끝까지 믿지 않는다. 그래서 곤혹스러운 것이다.

생각해보라. 난 파이어족이 될 만큼의 돈을 평생 단 한 번밖에 벌지 못했다. 평생 한 번 해본 일에 대해 어떻게 그 메커니즘을 알겠나. 한 번 한 건 그냥 해봤더니 되었더라인 거다. 어떻게 하면 되는지 상대방에게 소개할 수준은 안 된다. 같은 일을 몇 번 해본 다음에야 뭔가를 알면서 이러쿵저러쿵 말할 수 있는 것이다.

박사 학위를 보자. 난 2006년에 박사 학위를 받았다. 박사 논문을 쓰자고 달려들어 한 번에 통과된 게 아니다. 난 2002년에 박사과정을 수료했다. 그 후로 계속 박사 논문을 준비했다. 그런데 논문 주제 선정 과정에서 계속해서 지도교수에게 반려된다. 겨우겨우 주제 정하기가 통과되어 다른 교수들 앞에서 논문 계획서를 발표하기도 했다. 하지만 그것도 뒤집어졌다. 그렇게 4년의 과정을 거쳐 박사 학위를 받았다. 박사과정에 입학하고 학위를 받기까지 6년 반이 걸렸다. 그럼 그렇게 몇 년 동안 몇 번의 시행착오를 거쳐 박사 학위를 받았으니 다른 사람에게 박사 학위는 이렇게 쓰는 거라고, 얼마의 시간이 걸리고 어떻게 공부하면 된다고 지도할 수 있게 되었을까? 그럴 리가 있나. 이렇게 저렇게 찔러보다 보니 박사 학위를 받게 된 거다. 학술지에 실리는 소논문과 박사 학위 논문의 차이도 잘 알지 못했다. 박사이기는 하지만, 다른 사람에게 박사 학위 받는 법에 대해 말해줄 실력은 아니었다. 그냥 나는 이런 과정을 거쳐 박사 학위를 받았다는 나 개인의 경험담만 늘어놓을 수 있을 뿐이었다.

박사 학위를 받은 후 소논문을 계속 썼다. 그리고 다른 학교 박사 학위 논문 심사 교수로 참석하기 시작했다. 논문 심사 과정을 심사자로서 몇 번 참가한다. 그러다 2013년, 경영학박사 학위를 받는다. 2006년 행정학박사에 이어 두 번째 받는 박사 학위였다. 이렇게 박사 학위를 두 번 받고 보니, 그리고 그 사이사이 소논문을 쓰고 박사 논문 심사자로도 참가하다 보니 이제는 박사 논문을 어떻게 쓰는지 알게 된다. 주제를 어떻게 잡아야 하는지, 논문 작성에 시간이 얼마나 걸리는지, 심사 과정이 어떻게 굴러가는지, 공부량이 어느 정도여야 하는지 등등에 대해 설명할 수 있게 된다. 이제는 다른 사람에게 박사 논문을 쓰려면 어떻게 해야 하는지 설명할 수 있다. 조언을 할 수 있고 도움이 되는 컨설팅을 할 수 있다.

못해도 최소 두 번은 같은 일을 해봐야 한다. 그래야 그 일에 대해 다른 사람에게 말할 수 있다. 딱 한 번 해본 일에 대해서는 다른 사람에게 조언할 수 있을 정도의 실력이 있을 수 없다. 그냥 나는 이렇게 했다는 자기 자신의 경험담만 이야기할 수 있을 뿐이다.

나도 투자에 대한 책을 쓰기는 했다. 그런데 그 책은 '나는 이렇게 해서 투자에서 돈을 벌었습니다'라는 하나의 사례를 소개하는 책이다. 나는 다른 투자가들의 그런 사례들을 보면서 많은 도움을 받아왔고, 그래서 나 자신의 이야기를 또 하나의 참고 사례로 더하고 있는 거다. "나처럼 하세요. 이렇게 하면 주식 투자에서 성공할 수 있습니다. 이 비법대로 하세요. 그리면 큰돈을 벌 수 있습니다"가 아니다. 난 그런 비법은 모른다.

그래서 난 지금도 계속해서 돈을 벌 수 있는 방법을 찾고 있는 중이다. 계속 이것저것을 찾아보고, 이건 나중에 크게 오르지 않을까 하고 생각되는 것을 사고 있다. 비법이 있다면 그 비법대로 하면 되지 이것저것 찔러볼 필요가 없다. 하지만 난 큰돈 버는 비법을 모른다. 그래서 요것조것 계속 찔러보는 중이다.

그래도 큰돈을 버는 것과 관련해서 몇 가지 말할 수 있는 건 있다. '이렇게 하면 큰돈을 벌 수 있다'라고는 할 수 없지만, '이렇게 하면 분명 큰돈을 벌기는 힘들다'라고 말할 수 있는 건 몇 개 된다. 어떻게 하면 박사 학위를 딸 수 있는지는 몰라도, 이렇게 하면 절대 박사 학위를 받을 수 없다고 말하는 식이다. 어떻게 하면 취업 면접을 통과할 수 있을지는 몰라도, 취업 면접에서 분명히 떨어지는 방법은 쉽게 말할 수 있는 것과 같다.

일단은 조금씩 조금씩 돈을 모으고 버는 방식으로는 큰돈을 벌기 힘들다. 돈 버는 방법도 두 가지로 구분해야 한다. 작은 돈을 버는 방법과 큰돈을 버는 방법이다. 큰돈을 버는 방식은 따로 있다. 작은 돈을 버는 방식으로는 큰돈을 벌 수 없다.

작은 돈을 버는 방식의 대표적인 것이 저축이다. 은행에 꼬박꼬박 저축하고 적금을 드는 건 있는 돈을 안전하게 유지하는 데 좋은 방법이다. 돈을 조금 벌기에도 좋은 방법이다. 하지만 큰돈은 벌 수 없다. 큰돈을 벌려고 하는 사람은 저축을 하면 안 된다.

주식에서도 배당주 투자, 공모주 투자는 작은 돈을 버는 방식이다. 오피스텔 투자, 원룸 투자 등 안정적인 월세를 기대하는 투자도 마찬가지다. 이미 큰돈이 있는 사람들은 이런 투자를 통해 충분한 수입을 올릴 수 있다. 하지만 큰돈이 없는 사람이 이런 투자를 하면 어느 정도 돈은 벌 수 있지만 큰돈은 못 번다.

파이어족이 되기 위해서는 작은 돈 가지고는 안 된다. 어느 정도 큰돈이 있어야 파이어족이 될 수 있다. 욕심 안 내고 그냥 최저 생활비라 할 수 있는 월 200만 원만 있으면 된다고 하는 파이어족이라 해도, 안정적으로 정말 평생 파이어족으로 지내기 위해서는 10억 원 정도의 돈은 있어야 한다. 돈 잘 버는 사업가, 대기업 임원, 잘나가는 의사, 변호사 같은 전문직으로 있으면서 계속 저축을 한다면 이 정도 돈이 만들어질 수 있다. 하지만 보통 사람이 저축만으로 이 돈을 만들 수는 없다. 설사 이 돈이 만들어진다 하더라도 정년이 거의 다 돼서다. 정년이 다 돼서 파이어족이 되는 건 별 의미가 없다.

큰돈을 벌기 위해서는 저축으로는 안 된다. 투자를 해야 한다. 그것도 큰 수익이 가능한 공격적인 투자를 해야 한다. 안정적인 수익이 보장되는 투자로는 돈은 벌 수 있지만 큰돈은 못 번다. 그런데 큰 수익이 가능한 투자는 위험성도 크다. 큰 수익이 날 가능성은 낮고, 큰 손실을 볼 가능성은 높다. 큰 수익을 기대하는 투자는 아주 험한 산길을 걷는 일이다. 한순간 삐끗하면 아래로 떨어진다. 일반적으로 추천할 수 없는 길이다. 하지만 산 정상을 가기 위해서는 가야만 하는 길이다. 큰돈을 벌려고 한다면, 파이어족이 되고자 한다면 가야만 하는 길이다.

내가 말할 수 있는 건 여기까지다. 저축이나 배당주 투자, 아파트, 오피스텔, 원룸 투자 등과 같이 안정적인 수익이 나오는 길을 가면 큰돈을 못 번다. 용돈은 벌 수 있을 테지만 파이어족이 되는 건 요원할 것이다. 잘되면 큰 수익이 나는 투자를 해야 한다. 위험성이 있지만 최대한 그 위험을 줄이면서 조심조심 위험한 투자를 해야 한다. 그때 큰돈을 벌 기회가 생기고 파이어족이 될 가능성도 나온다. 내가 아는 건 여기까지인데, 사실 이미 투자를 하고 있는 사람들에게는 큰 도움이 안 되는 조언이다. 그래서 이런 문의가 난 곤혹스럽다. 할 말이 없고, 설사 하더라도 별 도움이 안 된다. 하지만 상대방은 내가 뭘 알고 있다고 생각한다. 이런 상황이라면 누구든 곤혹스러울 수밖에 없지 않을까.

우리는 누구나 파이어족이 된다!

파이어족 준비하기

　사람은 누구나 다 파이어족이 된다. 다만 그게 언제인가가 문제일 뿐이지, 살아가면서 언젠가는 파이어족이 된다. 난 이전에는 파이어족이 뭐 대단한 건 줄 알았다. 다른 사람들과 다른 뭔가 특별한 삶의 방식인 줄 알았다. 하지만 아니었다. 파이어족은 그냥 직장, 업무에서 은퇴한 삶이다. 사람은 누구나 직장에서 은퇴할 때가 온다. 파이어족은 그 은퇴가 보통 직장인들보다 빠를 뿐이다. 은퇴라는 점에서 보면 동일하다.

　은퇴한 다음에 돈이 하나도 없어서 굶어 죽을 위험이 있다면 파이어족이라 할 수 없다. 하지만 한국은 복지제도가 어느 정도 되어 있다. 국민연금이 있고, 국민연금에 들지 않은 사람들에게도 기초연금이라고 해서 굶지 않을 정도의 돈은 준다. 파이어족이라고 해서 모두 돈이 많은 건 아니다. 아주 기본적인 돈만으로 파이어족을 선택하는 사람도 있다. 은퇴해서 국민연금, 기초연금으로 살아가는 건 아주 적은 돈으로 살아가는 파이어족과 마찬가지다. 그래서 은퇴를 준비하는 것과 파이어족을 준비하는 건 결국 같은 이야기다. 일하지 않고 주어진 돈으로 살아가야 할 때 어떻게 사느냐의 문제인 것이다. 그러니 파이어족을 준비해야 한다는 게 몇 명의 사람들에게만 적용되는 거라고 생각하지는 말자. 사람들은 언젠가는 다 은퇴를 한다. 은퇴한 후의 삶을 미리 예상하고 준비할 필요가 있다.

파이어족이 되기 위해, 은퇴하기 위해 가장 먼저 준비해야 할 건 무얼까? 가장 중요한 건 돈이라고 생각한다. 돈은 중요하다. 돈 자체가 중요하다기보다는 돈의 규모에 따라 파이어족이 되고 난 다음의 삶, 은퇴한 다음의 삶이 완전히 달라지기 때문에 중요하다. 은퇴한 이후의 삶은 정말로 천차만별이다. 그냥 끼니만 때우는 삶이 될 수도 있고, 기본적인 삶만 유지하는 삶이 될 수도 있다. 일할 때와 똑같은 생활수준을 누리는 삶도 있고, 직장 다닐 때보다 오히려 더 풍요로운 삶도 있다. 그걸 결정하는 게 돈이다. 인정하고 싶지 않지만, 정말 아쉽게도 은퇴 후 삶의 질을 결정하는 건 돈이다.

직장을 다닐 때, 일을 할 때는 돈보다 중요한 게 많다. 지위도 중요하고, 인간관계도 중요하다. '월급 더 받을래, 승진할래?'라는 선택지가 주어진다면 대부분의 사람은 승진을 선택한다. 돈보다 지위가 더 중요하다. '돈 많은 외톨이로 지낼래, 돈은 좀 부족하더라도 친구들이 많은 삶을 택할래?'라고 하면 당연히 돈은 좀 없어도 친구들이 많은 게 더 낫다. 사람들의 행복을 결정하는 건 얼마나 친한 사람들이 많으냐다. 돈보다 인간관계가 더 중요하다.

직장을 다니고 일을 할 때는 그 말이 맞다. 그런데 은퇴를 하고 나면 달라진다. 은퇴한 지 얼마 안 되어 사람들이 이사님, 부장님이라고 불러줄 때는 그래도 괜찮다. 하지만 조금 더 시간이 지나면 알게 된다. 은퇴한 이후에는 이전의 지위가 아무 의미 없다. 아니, 의미가 있기는 하다. 하지만 돈이 있고 난 다음에나 의미가 있다. 돈이 없으면 아무 의미가 없다. 돈이 없어도 전무님은 전무님 아니냐고? 전무님은 다른 사람이 불러주는 것이다. 그렇게 불리려면 일단 다른 사람을 만나야 한다. 하지만 돈이 없으면 다른 사람을 만나지 못한다. 그냥 혼자 있는데 전무님이 무슨 소용인가. 돈이 없어 집에서만 지내야 하는 과거 전무님 삶과 나가서 쓸 돈이 많은 과거 과장의 삶을 비교하면, 분명 여유 있게 사는 과거 과장의 삶이 훨씬 낫다.

인간관계도 중요하다. 그런데 돈이 있어야 인간관계가 이어진다. 은퇴 후에 사람을 만나면 같이 어디에 들어가야 한다. 찻집이든 커피집이든 음식점이든 술집이든 당구장이든 어디든 들어가야 한다. 그런데 그런 곳에 들어가는 것도 모두 돈이다. 따로 수입이 있으면 이런 데 들어가는 게 별로 부담스럽지 않다. 하지만 돈 없이 은퇴하면 이런 돈도 쓸 수 없다. 아무리 사이가 좋다 해도 어느 한쪽이 계속 돈을 내고 다른 쪽은 얻어먹기만 하는 관계는 오래 지속되지 못한다. 은퇴 전 인간관계는 돈이 없어도 유지될 수 있다. 하지만 은퇴 후는 아니다. 돈이 없으면 인간관계가 만들어지지도 않고 유지되지도 못한다.

은퇴 후 굶어 죽지 않기 위해 필요한 돈과 그냥저냥 먹고살기 위해 필요한 돈, 은퇴 생활을 여유 있게 누리기 위해 필요한 돈은 다르다. 어느 정도 돈이 있느냐에 따라 노후 삶의 질이 달라진다. 은퇴 전에 생각했던 것보다 훨씬 더 달라진다. 일단 최대한 은퇴 전에 보유한 돈의 규모는 늘리고 봐야 한다.

학생 시절에는 돈보다는 얼마나 공부 잘하느냐, 그리고 얼마나 학교에 친한 친구가 많으냐가 중요하다. 직장 시절에는 돈보다는 얼마나 업무를 잘하고 인정받느냐가 중요하다. 직장에서 수능 수학 문제를 다 풀면 훌륭하다고 칭찬받는 게 아니라 무시당한다. 그런데 은퇴 후에는? 은퇴 후에 가장 중요한 건 돈이다. 은퇴 후 돈이 없으면 아무것도 안 된다. 난 그동안 계속 학계에 있었고, 대학에서 20년 가까이 학생들을 가르쳐왔다. 돈이 중요하지 않은 세계다. 그랬던 내가 다른 사람에게 돈이 가장 중요하다고 말할 때가 오리라고는 평생 한 번도 생각해본 적이 없다. 그런데 막상 내가 은퇴를 해보니 사정이 달라진다. 이제는 분명히 말할 수 있다. "돈이 중요합니다. 은퇴 전은 몰라도, 은퇴 후는 돈이 가장 중요합니다. 은퇴 후 삶은 가진 돈의 크기에 따라 결정됩니다."

돈 다음에 은퇴 후 생활에 중요한 건? 자기가 계속 할 수 있는 일이 무엇인지를 찾는 일이다. 돈을 벌지 않아도 계속 할 수 있는 일, 업무와 관계없이 할 수 있는 일이 무언가를 아는 일이다. 은퇴 전에 '나는 이런 걸 하고 싶어', '은퇴한 다음에 난 이걸 할 거야' 등등 미리 생각한 건 별 도움이 안 된다. 처음에 시도는 해보겠지만, 그걸 정말 계속 할 수 있을지 아닐지는 해보기 전에는 모른다. 일주일에 한두 시간 하는 취미와 하루에 몇 시간씩 계속 하는 취미는 다르다. 직장이 있을 때는 일주일에 한두 시간 하는 취미로도 된다. 그러나 은퇴한 후로는 일주일에 한두 시간 하는 취미로는 시간을 메꿀 수 없다. 하루에 몇 시간 계속 할 수 있는 일을 찾아야 한다. 그야말로 정말 자기 본성에 맞는 일만이 기준을 통과할 수 있다. 이걸 빨리 발견할수록 은퇴 후 삶, 파이어족이 되고 난 다음의 삶에 만족할 수 있을 것이다. 이걸 찾지 못하면 오히려 이전 일할 때의 삶을 그리워하게 된다.

그럼 그렇게 자기가 좋아하는 일을 찾는다면 돈은 없어도 되지 않을까? 돈이 없어도 자기 하고 싶은 일을 하면 되지 않나? 아니다. 자기가 좋아하는 일을 찾는 것이 중요하지만 그래도 돈이 더 중요하다. 좋아하는 일을 제대로 잘하기 위해서는 돈이 필요하다. 돈이 없으면 좋아하는 일에 뛰어들 수 없다. 은퇴 전에는 돈이 없어도 자기 좋아하는 일을 할 수 있다. 알게 모르게 그 부담을 남에게 넘길 수 있다. 하지만 은퇴한 다음은 아니다. 돈이 없으면 좋아하는 일을 할 수 없다. 돈이 먼저고, 좋아하는 일은 그다음이다.

돈과 자기가 좋아하는 일을 찾는 것. 이 두 가지가 은퇴한 후의 삶, 파이어족이 되고 난 다음의 삶에서 가장 중요하다고 본다. 혹자는 건강도 중요하지 않느냐고 할 수 있다. 물론 건강도 중요하다. 그런데 건강은 은퇴 전에는 중요하지 않다가 은퇴 후에는 중요해지는 게 아니다. 은퇴 전이나 후니 계속 중요하다. 그런데 돈과 좋아하는 일의 중요성은 은퇴 전과 은퇴 후가 달라진다. 은퇴 전에도 돈이 중요하다고 생각했겠지만, 은퇴 후에는 자기가 전에 생각했던 것보다 훨씬 더 중요하게 다가온다. 자기가 좋아하는 것도 은퇴 전 생각과 은퇴 후 생각이 달라진다. 그런 측면에서 돈과 자기가 좋아하는 일을 강조하는 것이다.

다른 중요한 것들도 있다. 하지만 그런 것들은 돈과 자기가 좋아하는 일만 있으면 어떻게든 쉽게 길을 찾아갈 수 있다. 은퇴 후, 파이어족이 되고 난 후 중요한 건 돈과 진짜 좋아하는 일, 이 두 가지라고 본다.

파이어족, 인생 완행열차의 즐거움

나는 책을 읽는 사람이다. 보통 사람들이 생각하는 것보다 훨씬 많이 읽는다. 그렇게 많은 책을 읽는 것이 정말 가능한가 하고 의문을 품는 사람이 있을 정도로 많이 읽는다. 일주일에 9~10권을 읽으니 많이 읽기는 읽고 있는 거다.

그렇게 책을 읽다 보면 어떤 책이 좋은지 스스로 기준이 생긴다. 가장 좋은 책은 그 책을 읽고 나서 세상을 바라보는 새로운 시각이 생기는 경우다. 새로운 지식을 얻는 게 아니라 세상을 보는 또 하나의 눈을 얻는 경우다. 그동안 알고 있던 세상을 다르게 해석할 수 있는 힘을 주는 책이 나에게 가장 좋은 책이다. 그런데 이런 책은 만나기 힘들다. 1년에 몇백 권의 책을 읽지만, 세상을 보는 시각을 다르게 해주는 책은 만나기 힘들다. 이런 책은 몇 년에 한 번 만나기만 해도 행운이다.

파이어족이 되면 어떤 게 좋을까? 사람에 따라 다를 것이다. 매일 일하지 않아도 된다는 게 좋다는 사람도 있을 것이고, 업무 스트레스를 받지 않아도 된다는 것도 분명 장점이다. 자기 맘대로 쓸 수 있는 자유시간이 늘어난다는 것도 분명 좋다. 그런데 나에게 가장 크게 다가오는 건 세상을 바라보는 새로운 시각을 얻게 되었다는 점이다. 몇천 권의 책을 읽어야 느낄 수 있는 그 감정을 파이어족이 되면서 오랜만에 느낀다.

나는 교수로 있을 때 분명 직장을 그만두기를 원했다. 파이어족이 되기를 원했다. 파이어족이 되기를 바라기는 했지만, 정작 파이어족이 어떤지는 잘 몰랐다. 파이어족의 생활은 어떤지, 그들은 무슨 생각을 하는지는 알지 못했다. 그냥 직장을 안 다녀도 되니 좋다고만 생각했다.

파이어족이 된 건 내가 원하는 걸 달성한 것이니 분명 좋은 일이다. 그러나 파이어족 자체가 그렇게 좋은 거냐 하면 할 말이 없다. 이게 맞는 사람도 있을 것이고, 맞지 않는 사람도 있을 것이다. 파이어족이 되고 나서 발전하는 사람도 있을 것이고, 또 반대로 망가지는 사람도 있을 것이다. '파이어족이 되어서 다행이다'라는 사람도 있을 것이고 '파이어족 되지 말걸'이라고 후회하는 사람도 있을 것이다. 옆에서 볼 때 '저 사람은 파이어족이 되고 나서 더 좋아졌다'라고 보는 사람도 있을 것이고, '그냥 직장 다닐 때가 더 좋았던 거 같은데'라고 평가받는 사람도 있을 것이다.

그렇게 파이어족은 좀 복잡하다. 한마디로 말할 수 없다. 하지만 어쨌든 나로서는 파이어족이 무언지 알게 되었다는 점, 그리고 세상을 보는 새로운 눈을 가지게 되었다는 점만으로도 만족한다. 일하는 사람이 보는 사회와 일하지 않는 사람이 보는 사회는 달랐다. 먹고살기 위해 돈을 벌어야 하는 사람이 보는 사회와 돈을 벌지 않아도 되는 사람이 보는 사회가 달랐다. 일해서 먹고사는 사람이 보는 사회와 자본을 가지고 먹고사는 사람이 보는 사회가 달랐다. 이런 건 그동안 살아오면서 어디에서도 듣지 못한 이야기다. 일단 내 주위에는 일하지 않으면서도 잘 먹고 잘 살았던 사람이 없었다. 그리고 이건 어떤 책에서도 나오지 않는 이야기였다.

파이어족의 좋은 점을 이야기하는 책들은 있다. 하지만 어떤 일이든 좋은 일만 있을 리는 없다. 분명 안 좋은 면도 있을 것인데 그걸 이야기하는 책은 없었다. 거의 다 파이어족이 되고 난 후 자유롭게 살아서 행복하다는 이야기만 하고 있었다. 그런 점에서 파이어족을 직접 경험하게 된 것은 다행이라고 생각한다. 책을 읽는 사람으로서 그동안 몰랐던 것을 알게 되는 건 분명 즐거움이니까.

한 가지 분명히 말할 수 있는 건 파이어족이 되는 게 인생의 주요 여정을 마무리 짓는 종착역은 아니라는 점이다. 인생의 해답을 얻는 것도 물론 아니다. 계속해서 무엇을 할 것인가, 어떻게 살 것인가의 질문이 던져진다. 종착역이라기보다는 인생 열차를 중간에서 내려 다른 기차로 갈아탄다는 게 맞는 말인 것 같다. 급행열차를 타고 가다가 완행열차로 갈아탄 느낌. 빨리 가는 것만 생각하다가, 이제 철길 부근의 집과 나무들, 꽃과 사람들을 보면서 가게 된 느낌. 그동안 보지 못했던 것들을 보기는 하는

데, 대신 속도는 굉장히 떨어지는 완행열차. 파이어족이 된다는 건 그런 완행열차로 바꿔 탄 느낌이다.

파이어족이 되고 이제 2년이 좀 지났을 뿐이다. 앞으로 많은 시간이 있다. 내가 그 시간에 뭘 하려 할지, 내게 어떤 변화가 있을지는 모르겠다. 파이어족은 시간이 많고, 자금이 어느 정도 있으면 선택할 수 있는 게 굉장히 많다. 어느 날 갑자기 새로운 사업을 하겠다고 달려들 수도 있고, 경험 삼아 여러 아르바이트를 해보겠다고 나설 수도 있다. 획 세계 일주를 떠날 수도 있고, 늦게나마 유학을 가려 할 수도 있다. 모든 게 하고 싶으냐 아니냐의 문제다. 사람의 마음은 변덕스러운 것이니 언제 어떻게 마음이 변할지 나도 모른다. 어쨌든 지금까지는 글을 쓰고 책을 읽고 몸을 움직이는 운동을 하며 지내고 있다. 지금 나에게는 이게 가장 맞는 것 같다. 안정적인 것처럼 보이기는 하지만, 언제 어떻게 변할지 잘 모르는 불안정한 안정이다.

하여튼 파이어족은 이런 일을 겪게 되고 이런 생각을 하게 된다. 나 개인의 경험이기는 하지만, 파이어족의 생활과 생각에 대해 조금이나마 이해된다면 이 책의 역할은 충분하지 않을까 한다.

Dom 027

월급쟁이로 살 때는 미처 몰랐던 것들:
파이어족 2년이 가르쳐준 부와 자본주의, 그리고 나 자신에 대한 작은 깨달음

초판 1쇄 발행 | 2024년 3월 25일
초판 2쇄 발행 | 2025년 1월 3일

지은이 최성락
펴낸이 최만규
펴낸곳 월요일의꿈
출판등록 제25100-2020-000035호
연락처 010-3061-4655
이메일 dom@mondaydream.co.kr

ISBN 979-11-92044-43-9 (03300)
ⓒ 최성락, 2024

'월요일의꿈'은 일상에 지쳐 마음의 여유를 잃은 이들에게 일상의 의미와 희망을 되새기고 싶다는 마음으로 지은 이름입니다. 월요일의꿈의 로고인 '도도한 느림보'는 세상의 속도가 아닌 나만의 속도로 하루하루를 당당하게, 도도하게 살아가는 것도 괜찮다는 뜻을 담았습니다.
"조금 느리면 어떤가요? 나에게 맞는 속도라면, 세상에 작은 행복을 선물하는 방향이라면 그게 일상의 의미이자 행복이 아닐까요?" 이런 마음을 담은 알찬 내용의 원고를 기다리고 있습니다. 기획 의도와 간단한 개요를 연락처와 함께 dom@mondaydream.co.kr로 보내주시기 바랍니다.